CB057634

MARIO CESAR BARCELLOS

Jamberesu:

As cantigas de Angola

Rio de Janeiro
2011

Copyright © 1998,
by Mario Cesar Barcellos

Editor:
Cristina Fernandes Warth

Coordenação Editorial:
Heloisa Brown

Revisão Tipográfica:
Gisele Barreto Sampaio
Heloisa Brown

Editoração Eletrônica:
Vera Barros

Capa:
Leonardo R. Carvalho

Ilustrações de Miolo:
Mario Barcellos Neto
Maximiliano Costa Barcellos

CIP-BRASIL. CATALOGAÇÃO-NA-FONTE.
SINDICATO NACIONAL DOS EDITORES DE LIVROS, RJ.

B218j   Barcellos, Mario Cesar, 1953-.
        Jamberesu: as cantigas de Angola / Mario Cesar Barcellos
        - Rio de Janeiro: Pallas, 2011

        Inclui bibliografia
        ISBN 978-85-347-0148-8

        I. Canções bantos. 2. Cultos afro-brasileiros. I. Título. II. Título:
        As cantigas de Angola
97-0814   CDD 783.02996
                                        CDU 783.299.6

Pallas Editora e Distribuidora Ltda.
Rua Frederico de Albuquerque, 44 – Higienópolis
CEP 21050-840 – Rio de Janeiro – RJ
Tel: (021) 270-0186 Fax (021) 590-6996
Homepage: http://www.editoras.com/pallas/afrobrasil
E-mail: pallas@ax.apc.org

SUMÁRIO

Agradecimentos Especiais / 7
In Memoriam / 9
Saudações / 11
Prefácio / 13
Introdução / 17
Diferenças Gramaticais / 21
História de Angola / 23
Aluvaiá / 25
Nkosi-Mucumbe / 33
Kabila / 38
Katende / 46
Angorô / 49
Kaviungo / 54
Nzaze-Loango / 60
Matamba / 65
Kisimbi / 71
Tere-Kompenso / 73
Kaitumbá / 74
Zumbarandá / 78
Kitembo ou Tempo / 81
Vunji / 85
Lembaranganga / 89
Cantigas Ritualísticas / 93
Invocação dos Ancestrais e dos Deuses / 97
Invocação da Rua / 99

Saudação ao Sol / 101
Reza de Fixação de Forças por Meio dos Ancestrais / 103
Lusambu Kabula / 105
As Folhas na Nação Angola / 107
Cargos na Casa-de-Santo / 113
Conclusão / 117
Bibliografia / 121

Agradecimentos Especiais

Dr. Ismael Diogo da Silva – Cônsul-Geral da República Popular de Angola, que prefacia este livro.

Dr. André Morgado – Adido cultural de Angola no Brasil, pela amizade, conselhos e todo o apoio.

Mario Barcellos (Obá-Teleuá) e Amélia Duarte Barcellos – Meus pais, que sempre estiveram ao meu lado e me transmitiram conhecimento, discernimento e noção de respeito e carinho pela religião e pela cultura.

Deusa Costa Barcellos (Dofonitinha D'Oxum) – Minha esposa e mãe-pequena de minha Casa, por se revelar, a cada dia, a mais maravilhosa conselheira e companheira.

Catarina Mariano dos Santos (Anjuirá) de Nzaze-Loango – Minha mui querida irmã-de-santo.

Moab Caldas (RS) – Baluarte na luta em defesa do Espiritismo no Brasil (*In Memoriam*).

Mãe Idelzuita de Oxoguian, Presidenta do INAEOS-STECAB – A quem devo respeito e carinho por sua luta pelo Candomblé.

Mestre Agenor Miranda Rocha (Babalawo) – Uma lenda viva, conselheiro, pai, amigo, senhor. O guia de todos os zeladores e zeladoras-de-santo neste país. Meu profundo agradecimento e carinho, por todas as orientações e bons conselhos. Mestre Agenor, sem dúvida, é o orgulho de toda a nação candomblecista.

A meus filhos, incentivadores e colaboradores.

...A todos vocês, um agradecimento especial, pelo que vocês representam em minha vida, minha luta e objetivos. Que meu Pai e meu Rei, KABILA-OKITALANDE, os abençoe!

In Memoriam

Nunca poderia esquecer de dedicar esta obra a um grande homem. Irmão, amigo, incentivador, conselheiro e membro de minha Casa, no cargo de "Tatetu-Ndengue" (Pai-Pequeno).

Falo de José da Silva Pinho, *Pai Pinho* para seus filhos pequenos; Dumeci, sua dijina de santo.

Meu irmão Pinho, militar aposentado e dono de um excepcional caráter, nesta vida se iniciou na Nação Angola pelas mãos de meu pai, Mário Barcellos.

Filho de Kaviungo (Omolu), sempre teve um comportamento reto, nobre, ordeiro, honesto e enorme capacidade e personalidade.

Deixou, por certo, enorme saudade, mas acima disso, nos legou a herança de como deve proceder um homem de bem.

Ao meu querido irmão, hoje membro desta vasta e maravilhosa Mãe Natureza, o meu *mukuiu*, com profundo carinho, respeito e saudade.

Deus o tenha ao seu lado!

Saudações

ALUVAIÁ
KIUA'LUVAIÁ NGANA'NZILA – "KIUA"
Viva Aluvaiá, Senhor dos Caminhos - Viva!

NKOSI-MUKUMBI
IUNA KUBANGA MU ETU – "NKOSI E"
Aquele que briga por nós – Nkosi E!

KABILA
KABILA DUILU – "KABILA"
Caçador dos Céus – Kabila!

KATENDE
KISABA KIASAMBUKÁ – "KATENDE"
Folha Sagrada – Katende!

ANGORO
NGANA'KALABASA – "ANGORO LE"
Senhor do Arco-Íris – Angoro Hoje!

KAVIUNGO
TATETU MATEBA SAKULA OIZA – "DIXIBE"
O Pai da Ráfia está chegando – Silêncio!

KAMBARANGUANJI / NZAZE-LOANGO
A-KU-MENEKENE USOBA NZAJI – "NZAZE"
Salve o rei dos raios – Grande Raio!

MATAMBA
NÉNGUA'MAVANJU – "KÍUA MATAMBA"
Senhora dos Ventos – Viva Matamba!

TERE-KOMPENSO
MUTONI KAMONA TERE-KOMPENSO – "MUANZA E"
Pescador Menino Tere-Kompenso – Rio ê!

KISIMBI
MAMETU MAZA MAZENZA – "KISIMBI E"
Oh, Mãe da Água Doce – Kisimbi ê!

KAITUMBÁ / DANDALUNDA
DANDALUNDA MAM'ETU – "KAITUMBA"
Oh, Mãe Dandalunda – Kaitumbá!

ZUMBARANDA
MAMETU IXI ONOKÁ – "ZUMBARANDÁ"
Mãe da Terra Molhada – Zumbarandá

KITEMBO
NZARA KITEMBO – "KITEMBO IO"
Glória Kitembo – Kitembo do tempo!

VUNJI
VUNJI PAFUNDI – "VUNJI'E"
Vunji Feliz – Bem-vindo!

LEMBARANGANGA
KALA EPII! SAKULA LEMBA-DILE – "PÉMBELE"
Quietos! Aí vem o Senhor da Paz – Eu Te Saúdo!

Prefácio

A sociologia, em profundidade, não faz com que desapareçam os velhos problemas, rnas, ao contrário, ela os complica para melhor resolvê-los de acordo com a riqueza e a complexidade do real.

Isto é, as relações do religioso e do não-religioso no fenômeno social total efetuam-se ao mesmo tempo no plano vertical e no horizontal; inscrevem-se no estudo das relações dialéticas entre os diversos estágios da realidade, do morfológico à consciência coletiva e em cada um desses estágios.

Talvez poder-se-ia supor que o equilíbrio das formas de sociabilidade tenderia a predominar sobre a hierarquia específica dos níveis na estruturação e na desestruturação dos grupos, enquanto a tendência seria inversa no caso da sociedade global.

A escravidão, com efeito, dividiu as sociedades globais africanas ao longo de uma linha flutuante que separaria, de um modo geral, o mundo dos símbolos, das representações coletivas, dos valores, do mundo das estruturas sociais e das suas ases morfológicas.

A antropologia cultural fundamenta-se, em certa medida, na distinção das civilizações, das estruturas sociais, sob o pretexto justamente de que as civilizações podem passar de uma estrutura a outra, que podem transformar a sociedade. Mas o seu ponto fraco está em estudar quase exclusivamente os fenômenos da aculturação como simples fenômenos de contato e de mistura de civilizações, sem levar suficientemente em conta as conjunturas sociais novas em que acontecem esses encontros.

As leis, se leis há, que regulam o jogo das interpenetrações, não atuam no vazio: operam nas situações globais que as determinam – forma e conteúdo. Os valores africanos eram trazidos para um mundo novo.

O livro banto retrata a reflexão profunda de uma tese simbiótica de natureza cultural que o regime segregacionista colonialista português tentou calar e que seus descendentes preservam com zelo, carinho e amor.

Os povos bantos, que englobam cento e cinqüenta milhões de pessoas, aparecem com características étnicas e culturais comuns e formam um dos grupos humanos mais importantes da África. Estão espalhados desde a orla sudanesa até o cabo e desde o Atlântico ao Índico.

Esta cultura foi exaltada e dada a conhecer ao mundo pela "negritude". Outros tentaram também fixar a "Personalidade África" e a africanidade.

A designação "banto" nunca se refere a uma unidade racial. A sua formação e expansão migratória originaram uma enorme variedade de cruzamentos. Assim, não se pode falar de raça banto, mas de "povos bantos", isto é, comunidades culturais com civilização comum e línguas aparentadas.

Na África, quando morre um velho, desaparece um manancial de conhecimentos culturais, uma biblioteca. A unidade cultural tradicional negro-africana intensificou-se com o tráfico dos escravos e com o colonialismo e consolidou-se na África moderna com a chamada "comunidade de sofrimento".

O nacionalismo também reforçou este destino comum histórico, porque os obrigou a unirem-se nas lutas de libertação. É dramático que seja o único continente, na sua quase totalidade, a única raça unida e solidária a partir de luta exasperada pela vida, pela liberdade, pela dignidade, pelo respeito e pela subsistência. O negro africano orgulha-se de sua solidariedade, de sua unidade e do destino comum, fatores que impediram as rupturas violentas verificadas em outros continentes.

Entretanto, a presença de forças religiosas não é sempre uma presença de medo, mas, também, de força, de paz ou de alegria. E, dizendo isso, não aludimos unicamente ao cristianismo atual, mas, também, às formas primitivas da religião. Recuso-me sublinhar que este trabalho represente a pesquisa das origens da religião, o que me faria passar de tese sociológica à filosófica (mesmo que seja filosofia sociológica, não deixa de ser filosofia). Proponho-me, sim, a reafirmar que ela reflete um caso *sui generis* num caso específico, os diversos tipos de relações entre a civilização banto e a religião "nação Angola".

Nesta abordagem, encontraremos as retomadas de um problema de culto e religião afro-brasileiros com similitudes lingüísticas e originais de Angola.

As concepções religiosas, longe de produzirem o meio social, são produtos dele. Se uma vez formadas, reagem sobre as causas que as engendraram, e esta reação nunca será muito radical.

O problema da compreensão, quer do sentido como da etimologia da religião "nação Angola", não está, porém, completamente afastado, porque a ligação dos homens ou dos grupos, dos sexos, ou dos grupos de idade é definida por um sistema de símbolos religiosos, que lhe dá um sentido.

Dr. Ismael Diogo da Silva
Cônsul-Geral da
República Popular de Angola

Introdução

No Brasil, foram concebidas aquilo que conhecemos como nações-de-santo, isto é, o Candomblé de Angola, o Candomblé de Keto, o Ewefon ou Jeje, o Ijexá e algumas praticamente extintas como o Xambá e o Malê.

No caso específico da nação Angola, sua denominação mais comum, os escravos trazidos da África eram provenientes de Angola e do Congo e falavam inúmeros dialetos, com predominância do quimbundo (da Angola) e do quicongo (do Congo).

Em terras africanas, os dois países são fronteiriços e é comum os angolanos falarem, desde aquela época, o quicongo e os congoleses o quimbundo. Ambos são muitos semelhantes, daí a facilidade de assimilação.

No Brasil, angolanos e congoleses foram misturados e vendidos genericamente como escravos. Para os senhores de engenho e mercadores, eles não passavam de uma só coisa – eram negociados como negros bantos, denominação geral da etnia.

Dessa forma, os escravos desses dois países africanos passaram a conviver em senzalas como filhos da mesma terra, com idioma, rituais e costumes bastante parecidos. Em maior número, os angolanos fizeram predominar seus fundamentos religiosos e mesmo seu dialeto mais conhecido – o quimbundo – e, com o passar dos tempos, angolanos e congoleses não eram mais diferenciados, bem como seus rituais religiosos. Em linhas gerais, tudo que se referia aos negros bantos era conhecido como parte do ritual da nação Angola.

Mais concentrados no Rio de Janeiro, os bantos receberam nessa cidade um tratamento hostil, acentuado pela separação das famílias, fato que contribuiu ainda mais para a perda das tradições culturais e religiosas.

A sobrevivência dos costumes e rituais religiosos só foi possível graças a um enorme esforço de seu povo, que, mesmo humilhado e vilipendiado, conseguiu levantar a tradicionalíssima bandeira branca de Kitembo – patriarca dos angolas ou angoleiros – mantendo viva a nação até hoje.

A chegada dos iorubanos coincide com o declínio do processo de escravidão no Brasil, logo os povos dessa origem foram menos sacrificados que os bantos. Claro que sofreram mutilações e divisões, porém em menor escala que os angolanos e congoleses. Como os iorubás possuíam uma estrutura social muito bem elaborada politicamente, sua concentração em determinados estados possibilitou o aparecimento de várias líderes. Estas mulheres foram responsáveis pelo estabelecimento e pela manutenção até o presente momento das casas-de-santo mais conhecidas do país, como a Casa Branca, o Axé Opô Afonjá, entre outras.

O tempo passou e as misturas de ritos e costumes foram acontecendo. Nada mais natural. Entretanto, chegou-se a um ponto em que as Casas de Angola, as mais tradicionais, fecharam-se em concha e as remanescentes destas passaram a assumir terminologias iorubanas abandonando ou ignorando as terminologias da nação Angola.

Daí, em épocas mais contemporâneas, tantas casas de Angola usarem terminologias do Keto e do Ewefon, como por exemplo os nomes das divindades, como Exu, Ogun, Oxóssi, Oxum, Xangô, Oxalá em vez de Aluvaiá, Knosi-Mukimbe, Kabila, Kissimbi, Kambaranguanji, Lembá.

Tentar traçar um paralelo entre as nações Ketu e Angola seria, no mínimo, perigoso. Obviamente têm tradições diferentes, mas os negros vindos da África trouxeram algo que com certeza é muito comum a todos eles: ritmo e crença.

É tradição Keto tocar atabaques com varetas, conhecidas como *oguidavi* ou *lakdavi*; fazer o xirê (brincadeira) dos orixás, quando se canta para todos eles, numa ordem determinada; os angoleiros conhecem e praticam o *Jamberesu*, que é o ritual de invocação dos inquices (divindades) e costumam tocar seus tambores com as mãos.

Outros rituais sagrados são feitos de forma diferenciada, como o ritual fúnebre, que entre os iorubanos chamase *axexê* e entre os angoleiros, *vumbi*. Obviamente, não iremos entrar em detalhes quanto aos rituais em si, por serem secretos, mas tenham certeza, são muito diferenciados, profundamente sérios e de raríssima beleza plástica, embora sejam lúgubres, pois a morte, muito temida pelos povos animistas, ou seja, por aqueles que crêem que a natureza tenha vida e vontade próprias, é encarada como a passagem para um mundo mais evoluído, ou seja, o mundo dos inquices ou orixás.

Existem inúmeros rituais diferentes entre os candomblés de Angola e Keto, as nações que mais se destacam no Brasil, principalmente no eixo Rio–São Paulo–Bahia. Também encontramos casas-de-culto Angola e Keto em Minas Gerais, Sergipe, Brasília, Goiás e no Rio Grande do Sul, sendo que neste último há predominância dos cultos Batuque e Umbanda.

Em relação às cores dos orixás e inquices, as diferenças são pequenas, já que cada inquice domina uma força da natureza, tanto quanto o orixá. Como exemplo, o inquice Katende, regente das folhas. Suas cores são branco e verde; Ossâim, orixá das ervas, também usa as cores branco e verde.

Talvez a maior diferença esteja na questão étnica, bem como da origem religiosa, em se tratando de África. Os iorubanos, cujo império foi fundado por Oduduwa, na Nigéria, fronteira com o Daomé, hoje República do Benin, foram absorvendo aos poucos determinadas divindades uma da outra, como por exemplo, a incorporação do orixá Nanã pela cultura iorubana. Outro caso, os iorubanos vinculam o culto a um determinado orixá a uma região específica. Por exemplo, Oxogbó cultua Oxum; Oyó, Xangô; Irê e

Hondo, Ogun; Irá, Iansã, etc. Os angolanos originaram-se da migração dos negros africanos do norte e nordeste da África, vindos da região do Sudão. Foram mais de 150 milhões de emigrantes, que ao longo de sua jornada até o sul da África foram fundando impérios, reinos e países. Os bantos foram fundadores do Congo, de Angola, da Namíbia etc.

Ao contrário dos iorubanos, os bantos cultuavam seus inquices de acordo com a ocasião.

É certo que existem muitas diferenças entre Ketos e Angolas, mas, no Brasil, a tendência foi a discutível unificação. Contudo, é importante perceber que à medida que pesquisamos e reconstruímos as culturas africanas, mais descobrimos que o candomblé de Angola e demais religiões são cultos de profunda tradição e saber, oriundos de povos por muitos séculos desprezados e considerados desprovidos de cultura pelo colonizador. Sejam bem-vindos ao universo mítico-religioso dos bantos, ao mundo mágico dos Munzangala Kitembo (filhos do tempo).

Diferenças Gramaticais

Existem algumas variações gramaticais em relação às línguas quimbundo e quicongo que precisam ser observadas:

1) Os verbos no infinitivo, cujo prefixo é KU em qualquer situação, na lingua quimbundo leva o hífen (-) no início da palavra. Exemplo: -ZUELA (dizer, falar) deve ser lido KUZUELA.

2) Os verbos substantivos conservam o prefixo. Exemplo: *KUTUMAKA* (obediência).

3) Nas línguas quimbundo e quicongo as vogais têm, invariavelmente, o mesmo som que na língua portuguesa, à exceção do "e" final de algumas palavras, que têm o som de "i", como, por exemplo, *MUBANGE, MUTUNGE*, que se pronuncia "MUBAN<u>GI</u>", "MUTUN<u>GI</u>". Com relação às consoantes, observamos as exceções:

"G" – Jamais tem o som de "J". Exemplo: *NDENGE* (pequeno) soa como NDEN<u>GUE</u>.

"H" – É sempre aspirado. No exemplo da palavra HENDA (misericórdia), soa como <u>GU</u>ENDA. Porém, isso só acontece na língua quimbundo.

"K" – Substitui em qualquer situação as letras "Q" e "C".

"M" – Seu objetivo é nasalar de forma leve, como no exemplo *AMBOTE* (bom).

"N" – Antes de consoantes, soa como "IN", como forma de flexionar as palavras. Exemplo: *NKISE* (santo); *NZILA* (caminho).

"S" – Soa sempre como "ç" ou "ss", porém, nunca como "z". Também tem o valor de "X" quando vem antes de "i".

4) As consoantes B, D, G, J, V, Z, ao iniciar substantivos, são precedidas de "M" ou "N", sendo inseparáveis nas quebras de sílabas.

5) Outro exemplo é com relação às consoantes B, D, J, K, L, P, R, T, X, Z. Elas podem ser trocadas umas pelas outras. Como exemplo, *KITADI* ou *KITARI* (dinheiro), ou, ainda, *KUDIA* ou *KURIA* (comida).

História de Angola

Em 11 de novembro de 1975, nasceu a República Popular de Angola, decorridos, aproximadamente, cinco séculos de colonização portuguesa. Ex-Província Ultramarina, foi criada a partir da decisão da Conferência de Berlim – entre 1844 e 1885 – em que se determinou que a África do Sul teria de ser dividida em territórios que estariam sob a direção da França, Inglaterra, Portugal, Bélgica e Alemanha.

Na África do Sul do Zambeze, região que inclui Angola, existiam, no período colonial, diversos reinos organizados. Entre eles, dois tiveram grande destaque: os do Congo e do Ndongo.

Quando os primeiros colonizadores portugueses chegaram ao estuário do Zaire, em 1482, entraram em contato com um dos maiores estados do sul do Saara, o Reino do Congo. No interior do território, existiam inúmeros reinos, que fortaleceram a organização social do Reino do Congo. Estes territórios autônomos são Luengo, Kankongo, Ngoyo, Mbata, Mpemba, Mbemba, Hsumbi, Soyo e o maior e o mais importante, o Ndongo, cujo soberano era Ngola, que, segundo consta, deu origem ao nome "Angola". Outra versão diz que o nome "Angola" teve origem na palavra *Jingota*, de origem quimbundo, que significa uma pequena peça de metal que se tornou um símbolo de autoridade política entre as linhagens quimbundo. Contudo, é certo que o nome "Angola" é originário do grupo etno-lingüístico quimbundo.

A capital do reino do Congo, à época da chegada dos portugueses, era Mbanza-Kongo, na atual província do Zaire. Na parte ocidental e central de Angola encontrava-se o Reino dos quimbundos, o Reino de Ndongo, cujo rei era Ngola.

Entre os rios Kwanza e o Dande, encontram-se localizados o grupo etno-lingüístico quimbundo, que tinha quase o dobro da população do Congo. Nos dias de hoje, localizamos esta etnia desde Luanda, capital de Angola, até a baixa de Kasanji, na parte oriental da província de Malange.

Portanto, embora existam até os dias de hoje 43 dialetos diferentes em Angola, o quimbundo destaca-se como o mais antigo e como o segundo idioma nacional angolano, pelas grandes proporções apresentadas.

Diga-se, ainda, que o quicongo, dialeto proveniente do Reino do Congo, acabou por ser anexado à Angola e, como já havia mencionado antes, estes dois dialetos sofreram uma fusão no Brasil, sendo perfeitamente compreendido pelos angolanos e congoleses antigos e também por quem estuda e pesquisa dialetos daquela parte da África.

Nos dias de hoje, Angola tem como idioma veicular o português e a religião predominante é o catolicismo. Contudo, os angolanos ainda cultuam os inquices, mantendo vivas a cultura e a religião de seus ancestrais.

Aluvaiá

O inquice Aluvaiá corresponde ao orixá nagô Exu. Suas cores são preto, roxo e vermelho encarnado.

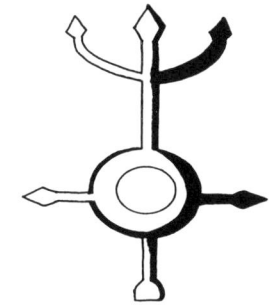

Kabula

Kongojiro jamugonge, iá iá, orere,
Kongojiro jamugonge...
Kongojiro, kujá kujanjo!

> Kongojiro que bebe, mas nos protege,
> Dono dos Caminhos...
> Kongojiro alivia o sofrimento!

Konjirá ae, kongojirá ae,
Kongojiro jamugonge,
Kongojirá ae...

> Kongojiro, sim! Kongojiro, sim!
> Kongojiro que bebe, mas nos protege,
> Kongojiro, sim...

Sigange, ngangaio,
Ngangaio le kwe, Kongojire
Sigange, ngangaio,
Ngangaio le kwe, Kongojire.

> Um ídolo não faz sujeiras,
> Não abandona, não foge.
> Ele é Kongojiro...

Kongo de Ouro

Mavile, mavile, mavile mavango...
E Kompesu e... rá, rá, rá,
E Kompesu á...

Um mavile, e um mavile,[1]
E um mavile mavango,
E um mavile, e um mavile,
E um mavile de o!

    Mavile, Mavile, Mavile, o obreiro feito do barro,
    Conquista como soberano,
    Conquista como soberano

Mavile Apavenã, Mavile Apavenã...
Mavile Apavenã, Mavile Apavenã,
Sua aldeia, indaue,
Mavile Apavenã!

    Mavile Apavenã, Mavile Apavenã...[2]
    Mavile Apavenã, Mavile Apavenã,
    Sua aldeia é o pênis da fertilidade,[3]
    Mavile Apavenã!

---

1   Mavile: qualidade, tipo de Aluvaiá.
2   Qualidade de Aluvaiá.
3   Aquele que dá a vida, faz nascer.

Mavile aindaue, Mavile aindaue,
Mavile aindaue, Mavile aindaue,
Sua aldeia, indaue,
Mavile aindaue!

> Mavile o pênis da fertilidade,
> Mavile o pênis da fertilidade
> Em sua aldeia, é o pênis da fertilidade,
> Mavile, o pênis da fertilidade.

Inge, inge, aina aina kakako,
Inge, inge, aina aina kakako.

> Ele é mesmo um tigre... um tigre!
> Ele tem o pêlo de um tigre.

Bioli, bioli to mavango,
Bioli to kakako.

> A risada do conquistador
> Se faz ouvir...
> Ele tem a pele do tigre.

Auinda sisa, é sisa luanda,
Auinda sisa, é sisa lukaia,
Sisa é uagange...

> Enfim, contemplaremos o que foi nomeado
> Enfim, é nomeado o "governador",
> O poderoso que é intocável...

Barra-vento

Indarule, indarulá
Indarule, kasau-sau[4] indarula.
Indarule, kasau-sau indarule,
Indarule, kansansinha indarulá.

    Ele pressente o perigo,
    Como a urtiga que queima
    Num simples toque.

Mavilutango[5] makutauile, mavile.
Mavilutango makutauile, mavile.
Mavilutango makutauile... mavile,
Mavilutango makutauile.

    Mavilutango, toma a responsabilidade...

Tenda tendá, kongojiro, tendá...
tenda tendá, kongojiro, tendaió.

    Recorda, recorda, Kongojiro, recorda...
    Recorda, recorda, Kongojiro, seu valor.

Tibiriri[6] vem tomar xo xo,
Tibiriri vem tomar xo xo e.

    Tibiriri, vem tomar
    Sua Oferenda.

---

4   Urtiga.
5   Qualidade de Aluvaiá.
6   Qualidade de Aluvaiá.

Toma lá zeku zeku,
Olha zekuriá,
Toma lá zeku zeku,
Olha zekuriá.

> Tomá lá, para beber,
> Olha, para beber com alegria.
> Tomá lá, para comer,
> Olha, para comer com alegria.

Sai a, sai ndembu... nzari a
Sai a, sai ndembu... nzari a.

> Para haver o perfume, oferendamos...
> Para ter o perfume, oferendamos.

Após Aluvaiá

Barra-Vento

Sambangola ingregre so, ingre so.
Sambangola ingregre so, ingre so.

> Benzer Angola... (o berço dos Inquices)
> Estamos em harmonia.

Pemba

Barra-Vento

O kepembe, o ke pemba o iza,
Kasanji o iza d'angola,
O kepembe, sambangola.

>Eu te saúdo, eu te saúdo,
>Em sua chegada, oh, Kasanji,
>Sua chegada de Angola,
>Eu te saúdo, bendita Angola.

Kongo de Ouro

Ke pembe pá, sine manakua le,
Pembe pá.
Ke pembe pá, sine manakua le,
PEMBE PÁ.

>O Giz Sagrado, o Giz Sagrado,
>Risca para a harmonia.

Pemba silá silá,
Zeui zeui
Pemba sila sila,
Zeui zeui.

>Giz da felicidade
>Nos dê paz, nos dê paz.

Pemba, pemba, pemba monangole
Pemba, pemba

*Pemba, lembá-dile
Pemba, pemba, pemba monangole
Pemba, pemba
Pemba, tate lembá.*

>O giz, o giz, o giz filho de Angola
>O giz, o giz, o giz de Lemba-Dilê.

*Ke'pembe, ke'pembe,
Ke'pembe, monangole...*

>Eu te saúdo, eu te saúdo,
>Eu te saúdo, filho de Angola...

APÓS A PEMBA, AS GRANDES CASAS SÃO LOUVADAS.

Kabula

>Com licença e, e com licença.
>Com licença de nzambi-apongue,
>Com licença, aueto[7]

(Nesta cantiga, as grandes Casas são louvadas, que podem ser até mesmo de outras Nações.)

---
7   Aueto: Assim seja.

Barra-Vento

Pasa vaninha, vainganga, valei-me
Pasa vaninha, vainganga... tatetu.
Pasa vaninha, vainganga, valei-me
Pasa vaninha, vainganga, mametu.

      Ganhar caminho livre, valei-me.
      Ganhar caminho livre, oh, Pai.
      Ganhar caminho livre, valei-me.
      Ganhar caminho livre, oh, Mãe.

Nkosi-Mukumbe

O inquice Nkosi-Mukumbe corresponde ao orixá nagô Ogun. Suas cores são azul-escuro e vermelho.

Kongo de Ouro

Roxi-Mukumbe, sará muana ginge
Goiae ae, goiae ae, goiae.
Roxi-Mukumbe komosanza le nkosi
Komosanza le nkosi, komosanza kaiá,
Komosanza.

> Grande Guerreiro, filho desta Aldeia.
> Grande Guerreiro que conquista a Aldeia.
> Conquista a Aldeia, Guerreiro,
> Conquista a Aldeia, jovem Guerreiro.

Komosanzala sanza roxi,
Kamundere, e poramo...
Komosanzala sanza roxi,
Kamundere, ae roxi

> Conquista a Aldeia,
> Mas não nos abandone.
> Como um gato, espreita. (Vigia seus domínios.)
> Conquista a Aldeia, mas não nos abandone.
> Como um gato, espreita, grande Guerreiro.

Roxi o iá, roxi o iá edemene
Roxi o iá, roxi o iá edemene.
Roxi o iá edemene,
Tate'nkise edemene.

Ele é o Guerreiro
Ele é o Guerreiro que vamos saudar.
E o Pai dos Santos (Nzambi-Aponge - Deus)
Vem saudá-lo (abençoá-lo, coroá-lo)

Oluande nkosi e, o sitalange,
Oluande nkosi e, o sitalangá

    Contemplemos o Guerreiro que nos verifica,
    Contemplemos o Guerreiro que nos visa (observa).

Aunjire, tabalanjo,
Tabalansime, aunjire tate.

    O Guerreiro cobra a taxa de dedicação (oferenda)
    E vem verificar...

Tabalansime, Tabalanjo[8]
Tabalansime e um renange.

    A estirpe de Tabalanjô
    É vitoriosa.
    É a estirpe do Pai.

De onde vem Roxi-Marinho[9]
De onde vem Roxi-Marinho,
Veio das ondas do mar,
Traz a cruz de Deus na frente,

---

8   Qualidade de Nkosi-Mukumbe.
9   Qualidade de Nkosi-Mukumbe, ligado às águas.

Prá vencer e vencerá...
Ajudai-nos a vencer esta batalha real,
Ajudai-nos a vencer esta batalha real!

De onde vem Roxi-Marinho
Veio das ondas,
Veio das ondas do mar,
Veio das ondas.

Baiá baiá
O Kibundu tile, tatetu,
Baiá baiá
O Kibundu tile, mametu.

Corta, corta
O fruto para acalmar (descansar), oh, Pai.
Corta, corta
O fruto para acalmar, oh, Mãe.

Biole biole biolala...
E sinkolajo.
Biole biole biolala...
E sinkolajo.

Dá risadas, dá risadas...
O vitorioso quando vence,
Dá risadas (fica feliz com as conquistas).

Banda-minikongo, ae ae, ae ae
Banda-minikongo, e minikongo
Subukewala...

Subir o Minikongo[10]
É o preço do Guerreiro[11]

Banda-minikongo e Kabila mene...
Banda-minikongo e Kabila mene,
o minikongo, e Kabila mene.
O minikongo, e Kabila mene.

> Ele sobe o Minikongo,
> Para saldar o Caçador,
> Sobe o Minikongo,
> Para saldar o Caçador. (Seu irmão Kabila.)

Barra-Vento

A nkosi e... tata keualembe
A nkosi e... tata keualembe,
Nkosi e e.

> Nkosi (Guerreiro)
> O Pai que vem, quando chega a noite.

Roxi bambi e e... ae roxi!
Roxi bambi erumalembe... ae roxi!

> O Forte (Nkosi) aconselhou:
> Ande devagar... e vai chegar (ao objetivo)

---
10   Monte.
11   Sua tarefa.

Tabalansime, um tabalande... ae roxi.
E um tabalande... ae roxi,
E um tabalande e.

    É vitorioso! Além disso, é um forte!
    Além disso, é um forte!
    Além disso, é um forte!

Nkosi biole sibiolala
Nkosi biole sibiolala
Nkosi biole sibiola, eme kajamungongo,
Nkosi biole sibiola
Eme kajamungongo...
Nkosi biole sibiola.

    O Guerreiro dá risadas quando vence...
    O Guerreiro dá risadas quando vence...
    O Guerreiro dá risadas quando vence,
    Meu protetor...
    O Guerreiro dá risadas quando vence.

Kabila

O inquice Kabila corresponde ao orixá nagô Oxóssi. Suas cores são azul-celeste e verde.

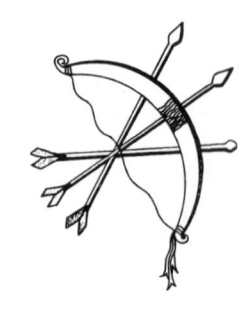

Kabula

Iza Kabila muganga e nganga,
Ae tumba o...
Tauamin ae, tauamin...

> O Caçador chega cansado, mas com abundância (de caça)
> Ele irá aceitar as honras (de seus seguidores)
> E nos honrar!

Bambi e e e, bambe a inga tauá
Bambe a inga tauá, bambe a inga tauamin...
Bambi e e e, bambe a inga tauá!

> Lentamente ele chega,
> Lentamente ele chega
> Ele vai aceitar-nos...
> Lentamente ele chega!

Azekutála zinge, o iá zinge o
Azekutála zinge, o iá zinge o
Iá iza kutala, kawiza kurá...
Ai ai, ai ai, ai ai,
Azekutála zinge, azekutála zinge
O iá zinge o.
Ke mi fareuá, ke mi fareuá...
Iá iza kutála kawiza kurá...
Ai ai, ai ai, ai ai,

Azekutála zinge, azekutála zinge
O iá zinge o.

> De algum lugar ele vem bem cedo.
> De algum lugar ele vem bem cedo.
> Chega de algum lugar, com responsabilidade
> (com a caça)
> De algum lugar ele vem bem cedo.
> Morre pelos seus, morre pelos seus,
> Chega de algum lugar, com responsabilidade,
> De algum lugar ele vem bem cedo.

Olo baranguanji,
Kabila sibara kurá.
Olo baranguanji,
Kabila sibara kurá.

> Salve o andarilho.
> O Caçador sagaz que nos abastece.

Landanguanji, landanguanji keuame
O iá sindaluká...
E landanguanji, landanguanji keuame
O iá sindaluká.

> Caça para vários, caça para vários (toda a aldeia)
> Nos socorre, nos acalenta.

Indorere, indorere iá sindaluká
Indorere iá sindaluká
Indorere iá sindaluká

> Sua sagacidade, sua sagacidade,
> Sua sagacidade nos acalenta (dá confiança)

A Aruanda e, orere
Kabila kewalatála munzue mama ma riá
Kabila kewalatála munzue, orere
E tata kamboni Aruanda e, mama jimbeuá

> O Céu nos acalenta,
> O Caçador é nosso altar, nosso patrono
> O Caçador é nosso altar, nosso patrono.
> Na colina, ele é o Pai,
> Que nos acalenta e não nos abandona.

Kabila e ne gun mariá
Kabila mutale o...
Kabila e ne gun mariá,
Kabila mutale o.

> O Caçador é uma criança que brinca,
> Caçador Vigilante!

Kabila de angoma, e e e Kabila
Kabila de angoma, e e e Kabila!

> O Caçador está dormindo,
> Salve o Caçador!

Kabila tem pai... Kabila!
Kabila tem mãe... Kabila!

O Caçador tem Pai... Caçador!
O Caçador tem Mãe... Caçador!

Ae! Gongobila dile, ae Gongobila.
Ae! Gongobila dile, ae Gongobila
Gongobila mutale... Gongobila mutale o
Ae! Gongobila dile, ae Gongobila!

Sim! O Caçador grita... sim, ele é Caçador.
Sim! O Caçador grita... sim, ele é Caçador.
O Caçador é vigilante, ele vigia tudo.
Sim! O Caçador grita... sim, ele é Caçador!

Caça caça no Kaindé
Vula e, poramo...
Caça caça no Kaindé,
Kabila Mutalambo![12]

Caça, caça nas matas,
Ele é bastante para nos receber.
Caça, caça nas matas
Ele é o Deus da Caça!

---
12 Mutalambo (flexionado: Mutalambô), Deus da Caça.

Kongo de Ouro

Si, si a koke iá iá
Si, si a koke iá iá...
A koke Gongobila,
A koke iá iá!

> Teremos fartura... teremos fartura.
> A fartura dada pelo Caçador,
> Teremos fartura!

Gongobila mutale,
Sinda e kokiá...
Ae ae ae, sinda e kokiá!

> O Caçador é vigilante,
> Com sua senhora...
> Sim, sim, com sua senhora! (Sua mulher Kisimbi.)

Gongobila mutale le
Bokule le, bokula la...
Ae ae, le bokule le, bokula la!

> Caçador vigilante
> Ele percorre, ele percorre tudo.
> Sim, sim, ele percorre tudo.

Kabila e tala no muzange,
Kabila e tala no arae!

> O Caçador verifica o problema.
> O Caçador verifica e dá a solução.

Barra-Vento

Arue, caçador,
Lambaranguanji mató-sumaé, tauamin.
Arue, caçador,
Lambaranguanji mató-sumaé, tauamin.

    Sim, Caçador... caça para vários
    Que te parabenizam pela sobra (fartura).
    Que te aceitam.

Sitauamin, tauamin,
Tauamin bandaleko...
Sitauamin, tauamin,
Tauamin banda koke.

    Aceitamos, aceitamos,
    Celebrar a façanha! (A grande caça.)

Kilamatá, kilondirá
Kabila e Mutalambo...
Ae ae, Kabila e Mutalambo!

    Dar reverência ao conquistador.
    Caçador, Deus da Caça...
    Sim, sim, Caçador Deus da Caça!

Caça n'Aruanda... coroa!
Tata caçador... coroa!

    Caça nos céus...coroa! (Caçador coroado.)
    O Pai é caçador...coroa!

Ae Kanjiramungongo, indarole.
Ae Kanjiramungongo... indaro, indaro, indarole!

    O amigo protetor pressente.
    O amigo protetor... pressente, pressente! (O perigo, a caça.)

Jinge no kangule, tate no kangula a...
Ai ai, jinge no kangule!

    Ele vai cedo para a labuta
    O Pai vai para brincar. (A caça como lazer, alegria.)
    Ai, ai, vai cedo para a labúta.

Muinginha xeue.
Muinginha xeuá a...
Ai ai, muinginha xeuá!

    Mostra sua linhagem,
    Mostra sua origem.
    Ai, ai,
    Mostra sua origem!

Para Recolher *Kabila*

Kabula

Londi kadelondí... ae!
Londi kadelondí... mukubira!
Londi kadelondí... ae!
Londi kadelondí... mukubira!

O toque de Bronze,
Leva o "Primeiro" (O maior Caçador.)
O toque de Bronze
Leva o "Primeiro"
...E traz outra vez!

Katende

Este inquice corresponde ao orixá nagô Ossâim. Sua cor é o verde.

Kabula

Katende, e e, Katende
Katendenganga, Katende
A Luanda e...

    Katende, e e, Katende
    A "Folha Encantada" é Katende
    De Luanda...

Katende, o iá bibikóia
Katende, o iá bibikóia,
Keuame, o iá bibikóia,
Keuame, o iá bibikóia.

    Katende, irmão mais velho (O mais sábio.)
    Katende, irmão mais velho,
    Sua licença, irmão mais velho,
    Sua licença, irmão mais velho.

Kongo de Ouro

Katendenganga turusú
Katula de angoma poramo,
Katendenganga turusú,
Katula de angoma poramo.

    A "Folha Encantada" nos lava,
    Cortemos a folha que nos recebe (colheita da folha.)

A "Folha Encantada" nos lava,
Cortemos a folha que nos recebe.

Iambugé kingoiamin, pikinini,
Mafilekongo...
Iambugé kingoiamin, pikinini,
Mafilekongo.

    Oh! Senhor que traz a erva santa,
    Coisa nenhuma nos fará mal.
    Oh! Senhor do Congo que traz a erva santa,
    Coisa nenhuma nos fará mal!

Maionga su, oke oke
Ngangatubese keoká
Maionga su, oke oke,
Ngangatubese keoká.

    O banho da essência (Da força, do poder.)
    É do Senhor das Folhagens... disciplinado.

Katubisi oke oke
Katubisi oke oke
Katubisi oke oke
Ngangatubese oke oká

    A nascente da essência,
    A nascente da essência,
    A nascente da essência,
    É o Senhor das Folhagens.

Kisangusangu, kisangusangu,
Kisangusangu, kisaba tatetu...
Kisangusangu, kisangusangu,
Kisangusangu, kisaba mametu...

  É alegre, é alegre, (Poderosa, traz benefícios.)
  É alegre a folha de meu Pai...
  É alegre, é alegre,
  É alegre a folha de minha Mãe...

Barra-Vento

Katende, katendenganga,
O marue...
Meu Katende,
O marue!

  Katende, a "Folha Encantada",
  Toma-se com seriedade...
  Meu Katende,
  Toma-se com seriedade!

Katende dila dijina,
Luande...
Meu Katende, la dijina!

  Katende grita seu nome,
  E contemplamos...
  Meu Katende, grita seu nome!

Angorô

O inquice Angorô corresponde ao orixá nagô Oxumarê. As cores a ele destinadas abrangem as sete do arco-íris e, em particular, o verde e o amarelo.

Kabula

E Angoro, tate, Angoro
E Angoro, tate, Angoro...

> Arco-Íris, Pai, Arco-Íris
> Arco-Íris, Pai, Arco-Íris...

Angoro sinho, Angoro sinho,
Sindenganga ja huntala,
Sindenganga ja huntala.

> O Arco-Íris é lindo, o Arco-Íris é lindo,
> E o Grande Senhor bebe com prazer (A água do rio.)

E Angoro, e e, Angoro...
E Angoro ta no kajinbanda
O iá kimbanda o iá kimbando

> O Arco-Íris, o Arco-Íris...
> O Arco-Íris da manhã está no limite possível
>   (Com as cores brilhando.)
> E nos corrige (Mostra-nos o caminho; evita
>   nossos erros.)

Ai ai, ai ai tatetu...
Angoro tanọmian,
Angoro ta no kajinbanda,
Angoro tanomian...

Ai ai, ai ai tatetu...
Angoro tanomian
Komoavila, komoavila,
Angoro tanomian!

> Ai ai, ai ai, meu Pai...
> O Arco-Íris nos dá a luz quando está no seu limite,
> O Arco-Íris nos dá a luz...
> E também brinca, também brinca (as cores cintilam)
> O Arco-Íris nos dá a luz!

Angoro malafaia, ora e ora e...
Angoro malafaia, arue sambangole!

> O Arco-Íris toma para si, o que não presta...
> O Arco-Íris também toma para si,
> A bênção de Angola!

Angoro malafaia,
Kota kota no serele...
No serele e!

> O Arco-Iris toma para si
> o irmão mais velho,
> O mais velho... como seu!

Ai ai, vula e... vula o!
Angoroméia kibuko euasála,
Vula e... vula o!
Angoroméia kibuko euasála,
Vula e... vula o!
Angoroméia kibuko euasála!

> Sim, ser bastante, ser bastante! (Suficiente.)
> A "Serpente Sagrada" é a sorte e a fertilidade,
> Ser bastante, ser bastante!
> A "Serpente Sagrada" é a sorte e a fertilidade.

Kongo de Ouro

> Olha cobra carinana,
> Valei-me São Bento...
> Olha cobra carinana,
> Valei-me São Bento.
> Valei-me Angoroméia[13]
> Valei-me São Bento...
> Valei-me Angoroméia,
> Valei-me São Bento.

Barra-Vento

Almé, aimé...
Angoro sinho, Sidandalunda sesé,
Miangoro sinho, Sidandalunda sesé
Miangoro sinho, Sidandalunda sesé,
Aimé!

---
13 "Serpente Sagrada", parte fêmea de Angorô, o Arco-Íris.

Sim, sim...
O Arco-Íris é lindo,
Quando vê a senhora da água límpida (Kisimbi)[14]
A luz do Arco-Íris é linda
Quando vê a senhora da água límpida,
Sim!

Angoro asála no kaunde,
No kaunde!
Angoro asála no kaunde,
No kaunde!

O Arco-Íris torna-se puro,
Torna-se puro!
O Arco-Íris torna-se puro,
Torna-se puro!

Angoro tanomian,
Miangoro!
Angoro tanomian,
Miangoro!

O Arco-Íris dá a luz,
A luz do Arco-Íris! (As cores cintilantes, o encanto
   das cores.)
O Arco-Iris dá a luz,
A luz do Arco-Íris!

---
14 *Kisimbi:* Inquice das águas doces, da cachoeira e dos rios.

Sale malembe, sale.
Sale malembe o...
Sale malembe sale,
Sale miangoro!

    Hoje virá, devagar... hoje virá.
    Hoje virá, devagar... o Senhor...
    Hoje virá, devagar... hoje virá.
    Hoje virá, a luz do Arco-Íris!

Ie, ie tate...
Tate-marue!
Ie, ie tate...
Tate marue!

    Com, com o Pai...
    O Pai Misterioso!
    Com, com o Pai...
    O Pai Misterioso!

Kaviungo

Este inquice corresponde ao orixá nagô Obaluaiê. As cores a ele consagradas são amarelo e preto. Kaviungo possui uma outra denominação – Kalungangombe, que seria o inquice senhor da terra, pouco cultuado e conhecido no Brasil. Tem equivalência ao orixá nagô Omolu. Suas cores são marrom, preto, verde, vermelho e branco.

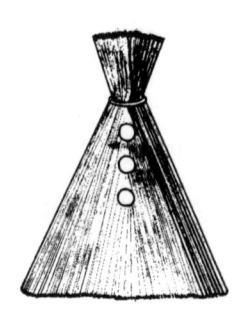

Kongo de Ouro

Kafunje,
Katulemborasime, konsanzala, e e e,
Kafunje,
Katulemborasime konsanzala, e e,
Kafunje!

> Kafunje[15]
> Nos ensina o respeito pela boa saúde,
> E sua aldeia o espera,
> Kafunje!

Ae ae, sakafunã,
Ae ae, sakafunã,
Kajanjá kebelujá,
Ae ae, sakafunã,
Kajanjá kebelujá,
Ae ae sakafunã.

---
15 Qualidade de Kaviungo, considerado velho.

Continuamos sendo dignos
Continuamos sendo dignos
De Kajanjá... o Ídolo,
Continuamos sendo dignos!

Kumbe kumbe lasi,
Kumbe lasi, belajo...
Kumbe kumbe lasi,
Ae ae Kafunje!

    É isso... É isso!
    Ser fraco, jamais...
    É isso... É isso!
    Somos como Kafunje!

E sambue, e sambunangue,
E sambue, e sambunangue.
E Sambu e sambu kuenda,
E Lemba-Dile.
E maó ke Fita-Fita,
E maó ke sambu kuenda!

    A lenda... moramos na lenda (Vivemos nela,
       vivemos dela.)
    A lenda... moramos na lenda.
    Vamos ver a lenda de Lemba-Dilê[16]
      E das chagas do Senhor...
    Vamos ver a lenda!

---
16   O mesmo que Oxalá moço.

Sambu e e e
Sambu e popo dimonã,
Sambu e e e
Sambu e popo dimonã!

    A lenda, a lenda
    Que mostra como ficou
    Bom da lepra!

O indo io io,
O indo fita malé...
O indo fita malé o,
O indo fita malé!

    O Fogo perigoso,
    O Fogo da lepra...
    O Fogo da lepra...
    O Fogo da lepra!

Panzu e,
Azuelo nganga miro.
Panzu e,
Azuelo Nganga miro.

    Corajosamente,
    Quem fala é
    o Senhor da medicina.

Ukongo dia'mungongo
E kuazenze...
E mundiamungongo
E kuazenze!

> A Arte de Caçar e comer do Protetor[17]
> Lembra um grilo![18]

Abrasala diangola,
O kibukpo le le...
Abrasala diangola,
O kibuko le lekongo!
> As casas de Angola (Os Cultos.)
> São a sorte de hoje...
> As casas de Angola,
> São a sorte do Congo (A integração do Culto
>   aos Inquices, por meio de Kaviungo.)

Kabula

Katulemborasime konsanzala,
E e e, e Kafunje...
katulemborasime konsanzala,
E e e, e Kafunje!
> O respeito pela saúde ensina,
> E sua aldeia o espera,
> Kafunje!

Kaja umdiamungongo, angole
Kaja umdiamungongo, angola.
> O Mestre Protetor come em Angola
> O Mestre Protetor come em Angola.

---
17 Kafunje.
18 O faz com delicadeza, silenciosamente, sem que ninguém perceba.

Pajue, jora mungongo
Pajue, jora mungongo

>O Corajoso traz o aviso.
>O Corajoso traz o aviso.

Vula e, vula o,
Katura maiongonga...
Vula e, vula o,
Katura maiongonga...

>Ser bastante... Ser bastante,
>Tirar o banho e não lamentar-se... (Ficar sem água para banhar-se, pois a Mitologia do Inquice Kaviungo fala de sua passagem por terras áridas.)

Barra-Vento

Muana-kwera sambue, aungele,
Muana-kwera sambue, aungele!

>O Filho viaja, faz sua lenda (Difunde seu nome.)
>Por ser privilegiado! (Ter poderes.)

Lemba e e,
Mekaturizo...
Lemba e e,
Mekatulo iá!

>Vem chegando a noite,
>Na casa... dói...
>Vem chegando a noite,
>Dói pelos males! (As dores das doenças, das chagas.)

Ala mametu, kaiango,
Kamboni kuandokamba, Lemba-Dile...
Ala mametu, kaiango,
Kamboni dilembala,
Vodukaiá!

> Coça, Mãe, me alivia...
> A colina está longe do amigo Lemba-Dilê...
> Coça, Mãe, me alivia...
> A colina é o refúgio, sou jovem,
> Agüento a dor!

Nzaze-Loango

Este inquice encontra correspondência no orixá nagô Xangô. A cor que lhe é dedicada é o marrom, porém o vermelho e o branco também são utilizados.

Kabula

O nzaze que vem de Angola
Kabokô marakaiá,
Nzaze tiramasi.
Nzaze que vem de Angola!

>O Raio que vem de Angola,
>É pura invasão que nos toma. (Nos fascina, apaixona.)
>É o Raio da paixão,
>O Raio que vem de Angola!

Kumbela nzaze
Kumbe l'angole...
Le le kokibanda!

>Majestoso o Relâmpago
>Majestosa Angola...
>Hoje, ao raiar da vida!

Kongo de Ouro

Nzaze e, nzaze a,
Nzaze e, maiongole, maiongola!

>O Raio, o Relâmpago,
>O Raio que é o aviso,
>O Raio que vem de Angola!

Nzaze kilambo, ae ae
Kumbela nzaze.
Nzaze kilambo, ae ae
Bela nzaze!

> O raio do Patriarca, sim,
> É o raio majestoso.
> O raio do Patriarca, sim,
> Não será fraco!

Nzaze a makundandemo, nzaze a makundeo...
Nzaze e e e, nzaze a makundandemo

> O Relâmpago faz parte,
> Do ritual do Imperador.
> O Raio faz parte,
> Do ritual do Soberano.
> O Raio, o Relâmpago...
> É o ritual do Imperador!

Aungele, aungele belo'nzaze
Aungele, aungele belo'nzaze.
Aungele belo'nzaze,
Aungele belo nzaze!

> Enfim, estamos contigo,
> Grande Relâmpago.
> Enfim, estamos contigo,
> Grande Relâmpago!

Nzaze-loango, nzaze um aponge.
Nzaze-loango, nzaze um aponge.

Ae nzaze-loango, nzaze um aponge,
Ae nzaze-loango, nzaze um aponge!

    O Relâmpago do Paraíso
    É o raio supremo.
    Sim, o Relâmpago do Paraíso
    É o raio supremo!

Tata kabi kadeloango,
Loango afi maó...
Tata kabi kadeloango,
Loango afi maó!

    Pai, sucessor,
    Primeiro do paraíso.
    O paraíso é a fonte que nos mantém!

Keuame, keuame,
Keuame, keuame...
Kumbela nzaze kibelangole
Kumbela nzaze kibelangole e!

    Com licença, com licença,
    Com licença, com licença.
    Admiramos todos, o raio de Angola!

Barra-Vento

Si nganga e,
O ingango.
Si nganga e,
O loango!

    Ele é brigão,
    É o Senhor.
    Ele é Brigão,
    No Paraíso!

Arue nganga io,
Si boiamin, nganga e
Arue nganga io,
Si boiamin, ngangá!

    Sempre, Senhor
    Convocados somos,
    Pelo Senhor!

Tibiri, tibiriti...
Tibiriti!
Nzaze ke managao...
Tibiriti!

    Tibiri, Tibiriti... (Pequeno pássaro.)
    Tibiriti!
    O Raio não se interessa,
    Pelo Tibiriti! (Não atinge o pequeno animal. O castigo pelo raio atinge as grandes faltas, os grandes erros, e o Tibiriti é um passarinho inofensivo, que não peca.)

Rezi n'uatilesin,
Sindorere!
Kumbe nzaze n'uatilesin,
Sindorere!

    Não é possível ele envelhecer,
    É o professor! (O Mestre.)
    Admirado é o Relâmpago.
    E não é possível ele envelhecer!
    É o professor!

Matamba

O inquice Matamba corresponde ao orixá nagô Iansã. Vermelho, rosa e coral são as cores a ele dedicadas.

Kabula

O iá, o iá, o iá e,
O iá Matamba di kakarukaia, zinge.
O iá, o iá, o iá e,
O iá Matamba di kakarukaia, zinge o!

> Governa, governa, governa, sim,
> A velha Matamba governa desde cedo.
> Governa, governa, governa, sim,
> A velha Matamba governa desde cedo! (Desde muito tempo.)

O iá Matamba e,
O iá Matamba di kakarukaia,
O iá Matamba e!

> Governa Matamba,
> Governa Velha Matamba,
> Governa Matamba!

E dambure, e dambure, mavanju,
E dambure mavanju,
A kensinkó mavanju e!

> O perfume, o aroma dos ventos,
> O perfume, o aroma dos ventos,
> Sem o vento, não há perfume!

O Iá, o iá e, n'kalembele,
Nganga io mame!
O iá, o iá e, n'kalembele,
Nganga io mame!

    Governa, governa a tempestade,
    Senhora Mãe!
    Governa, governa a tempestade,
    Senhora Mãe!

Ké ké, mi ké imbanda,
O iá matamba ke mi ké imbanda!

    Quem? Quem usa o incêndio como instrumento?
    É Matamba.
    Quem usa o incêndio como instrumento! (Fogo, instrumento de Matamba. Sua arma, seu encanto natural.)

Iá jinga no poço
Iá jingele...
Jingele!

    Peço permissão
    Para beber água de seu poço...
    Peço permissão!

Iá iá, ke memensue,
Sindenganga,
Iá muxima mukao, katende o,
Iá iá!

    Sem o olhar de nossa governante, nada podemos.
    Governa com o coração e nos dá a folha
        (O encantamento.)
    Que nos conduz!

Kongo de Ouro

O iá Matamba,
E, tata eme...
O iá Matamba,
E, tata eme!
Sinha vanju damorunganga,
E tata eme, o iá Matamba,
E, tata eme!

>Matamba, a Chefe de nossa Família...
>Matamba, a Chefe de nossa Família!
>Senhora que faz os ventos,
>Imploramos a Senhora, Chefe da Família.
>Matamba, Chefe de nossa Família!

E dambure, samba nguena maionge,
Bamburusenda,
Samba nguena maionge!

>O seu perfume,
>Benze como o banho sagrado,
>Bamburusenda[19],
>Benze como o banho sagrado!

O sinha vanju, o sinha vanju e,
Ae bamburusenda,
O sinha vanju e!

---
19 Qualidade de Matamba.

Senhora que faz os ventos,
Senhora que faz os ventos.
Sim, é Bamburusenda,
A Senhora que faz os ventos!

Mavanju, mavanju,
Mavanju, mavanju!

Vendaval, Vendaval,
Vendaval, Vendaval!

E um simbe ie ie,
Ae bamburusenda,
E um simbe ie ie!

Sua vibração existe,
É Bamburusenda,
Sua vibração existe!

Iá sinda lulu, mavulukwe,
Ae ae...
Iá sinda lulu, mavulukwe,
Ae azan!

Senhora que governa com decisão,
Oh, céus! Com certeza,
Senhora que governa com decisão,
Mesmo grávida![20]

---

20 Matamba governou seu povo com muita firmeza, embora tivesse tido muitos filhos, ou seja, mesmo grávida, era enérgica, firme, decidida.

Barra-Vento

Inde, inde boio,
Kan, kan, kan.
Indembure, bale dio iá,
Kan, kan, kan!

    Atenção, atenção de todos,
    Amigos, amigos, amigos.
    O perfume de nossa governante se faz presente![21]

O iá, o iá, eu'mabeleko,
O iá, o iá, eu'mabeleko o!

    A governante vai mudar
    O rumo de seu sopro![22]

Ae zinzin, ae zin zaiá,
O iá Matamba karue,
O iá Matamba karuá![23]

    Lá vem Matamba
    Clareando a aldeia,
    Ela vem chegando,
    Com a lua cheia!

---

21 Vem no vento.
22 Mudar a direção do vento.
23 Esta cantiga, de difícil tradução, demonstra um movimento dos seguidores de Matamba, alertando a todos que ela reinará por todo o sempre, pois, enquanto houver vento, Matamba estará presente.

O iá, o iá, ela é dona do mundo,
O iá, iá, mavanju venceu guerra!

    A governante é a dona do mundo,
    A governante do vento venceu guerra!

Gililei, gililei,
Relampejo!
Pelo cálice, pela hóstia,
Relampejo!

    Me conceda, me conceda,
    O Relâmpago!
    Pelo cálice, pela hóstia,
    Relampejô!

Estava na ladeira sem poder subir,
Estava na ladeira sem poder subir,
Eu chamei Santa Bárbara prá me acudir,
Eu chamei Santa Bárbara prá me acudir!

Estava na ladeira sem poder descer,
Estava na ladeira sem poder descer,
Eu chamei Santa Bárbara prá me valer,
Eu chamei Santa Bárbara prá me valer!

Kisimbi

Kisimbi corresponde ao orixá nagô Oxum. A ela são consagrados o amarelo, o branco e o rosa.

Kongo de Ouro

Kisimbi e,
Kisimbe e muana me
Kisimbe e muana me
Kisimbi e muana me!

> Das águas doces,
> Das águas doces sou filho
> Das águas doces sou filho
> Das águas doces sou filho!

Vamosavá, katuberesi
Vamosavá, katubelejã!

> Ganhar, fertilizar, em parte não nos é possível.
> Ganhar, fertilizar, só ela pode!

Kabula

Eme tabalansime mikabandengo,
Tere-Kompenso e,
Eme tabalansime mikabandengo,
Tere-Kompenso a!

> Eu estou muito ocupada nas águas profundas,
> Tere-Kompenso[24], desculpe-me!

Barra-Vento

E Dandalunda maiumbanda koke,
E Dandalunda maiumbanda koke a!

> A Senhora que guarda a Arte Mágica,
> Será verdade!

Dandalunda sue,
Sue, sue!
Dandalunda sue,
Sue, sue!

> As águas calmas se escondem,
> se escondem, se escondem!

---

24 Tere-Kompenso, jovem pescador, filho de Kisimbi.

Tere-Kompenso

Este inquice corresponde ao orixá nagô Logun-Edé. Amarelo, azul e verde são as cores a ele consagradas.

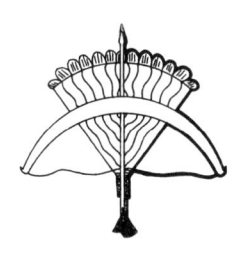

Barra-Vento

Kolo bolo apazuana,
Xauana,
Kolo bolo apazuana,
Ao!

> É hora de se colocar de pé,
> Dizer adeus à criancice,
> É hora de se colocar de pé,
> Enfim!

Tere-Kompenso e
Tere-Kompenso a
Tere-Kompenso e, dandalunda!

> O Pescador vem
> O Pescador vai
> O Pescador vem das águas calmas!

Kabula

Fala kebela koxé,
Tere o!
Fala kebela koxé,
Tere o!

> Enfeite-se como um ídolo,
> Até o amanhecer, Pescador!
> Enfeite-se como um ídolo,
> Até o amanhecer, Pescador!

Kaitumbá

O inquice Kaitumbá corresponde ao orixá nagô Yemanjá. São destinadas a ela as cores cristal, rosa, verde-água e azul-claro.

Kabula

E mikaiá,
Selumbanda selomina
Demama e o mikaiá, selukó...
Selomina demama e, o mikaiá e!

    Mares profundos, que guardam a Arte Mágica
    O encontro da luz é de minha Mãe,
    Dos mares profundos.
    O encontro da luz é mamãe, dos mares profundos!

Keve keve, kaiá
Keve keve, kaiá
Mama imbanda, seguringoma
Keuame, kaiá!

    Bem-vinda, bem-vinda, dos mares profundos
    Bem-vinda, bem-vinda, dos mares profundos
    Com seu instrumento de bênção e segurança,
    Sua licença, Senhora dos Mares!

Samba, samba muana meta,
Kobira kenã, samba o...
Samba muana meta,
Kobira kenã, samba!

>   Benzer, benzer os Filhos da Água,
>   Que a idolatram...
>   Benzer...
>   Benzer os Filhos da Água,
>   Que a idolatram,
>   Benzer!

Erue le le samba,
Samba muana meta,
Aueto kobira kenã,
Samba muana meta!

>   Sim, hoje ela vai benzer,
>   Benzer os Filhos da Água,
>   Aqueles que a idolatram,
>   Benzer os Filhos da Água!

Samba ungele,
Samba ungele, pajue...
Samba ungele, pajue,
Samba ungele, pajue!

>   Benzer, porque tu és diferente,
>   Benzer, porque tu és diferente e corajosa,
>   Benzer, porque tu és diferente!

Kongo de Ouro

Kaiá odevese,
Kaiá odesikongo,
Kaiá odevese,
Kaiá turia nzambi!

A Sereia tem seu império,
A Sereia tem seu império no Congo,
A Sereia tem seu império,
A Sereia criada por Deus!

Kaiá mutalande,
Mutalande o kaiá,
Kaiá mutalande,
Mutalande o kaiá!

A Sereia é vigilante,
É vigilante a Mãe Sereia,
A Sereia é vigilante,
É vigilante a mãe Sereia!

Mametu mukua-ntuio,
Mametu mukua-ntuio,
Nkosi-mukumbi, o de loango,
Mametu mukua-ntuio!

Oh, Mãe natural de todos,
Oh, Mãe natural de todos,
Do Guerreiro, e no paraíso,
Oh, Mãe natural de todos!

Barra-Vento

Mikaiá, mikaiá, mikaiá ae,
Selumbanda selomina, mikaiá ae!

Mares profundos, mares profundos, mares profundos,
Que guardam a Arte Mágica, o encontro da luz,
Os mares profundos!

Dilonga e,
Jojo dilongá, mama,
Dilonga e,
Jojo dilongá, mama!

    Seus Pertences[25] são únicos,
    Mamãe,
    Seus Pertences são únicos,
    Mamãe!

Ai mudi,
Akole nange,
Akole mudi,
Akole nange!

    A mãe vai passar o dia com a família,
    A família da Mãe,
    Vai passar o dia com ela!

Dandalunda kaimbanda koke,
Dandalunda kaimbanda kaiá!

    A Senhora que guarda
    O puro instrumento da vida
    A Senhora que guarda
    Puro instrumento como Sereia!

    Saia do mar,
    Linda sereia,
    Saia do mar,
    Venha brincar na areia!

---

25   Sua magia, seus atributos, seus instrumentos sagrados.

Zumbarandá

Este inquice corresponde ao orixá nagô Nanã. São suas cores consagradas o lilás, o rosa e o branco.

Kongo de Ouro

Mametu ke-jaosi, aode,
Mametu ke-jaosi, aode,
Mametu ke-jasidó, aode,
Mametu ke-jasidó, aode!

    Oh, Mãe que vem, enfim,
    Oh, Mãe que vem, enfim,
    Oh, Mãe que vai, enfim,
    Oh, Mãe que vai, enfim!

A aode, e ke jaosi,
A aode, e ke jaosi...
A aode, e ke jaosi,
A aode, e ke jaosi!

    Enfim, ela vem...
    Enfim, ela vem...
    Enfim, ela vem!

Kabula

E Zumbarandá o ke pembe iá iá,
Ke pembe, arue, o le le iá iá,
O ke pembe!

    Zumbarandá, eu te saúdo, Grande Governante,
    Te saúdo, sim,
    Hoje, eu te saúdo!

Muana, muana keuame,
Muana kuiá,
Muana, muana keuame,
Muana kuiá!

    Filha, filha, com licença,
    Pela minha chegada!
    Filha, filha, com licença,
    Pela minha chegada!

E muana, muana, kuiá kuiá,
E muana, muana, kuiá beko!
E muana, muana, kuiá kuiá,
E muana, muana, kuiá beko!

    A filha, a filha, chegou, chegou
    A filha, a filha, chegou e entrou! (Entrou em
        minha casa.)

Mametu nanje,
Mame'tunanjere!
Mametu nanje,
Mame'tunanjere!

    Oh, Mãe, vem morar,
    Oh, Mãe, sem pedir licença!

Barra-Vento

Dile,
Dinulamatambangola,
Arue e e a.
Arua kan kankara kara ikangola,

O iá ke sambangola,
Kerusambangola...

Ai, ai, ai,
Arue, e e a...

    Chora,
    Dinolamatambangola,
    Sim, é assim!
    Brinca também nas terras de Angola,
    Terra que governa, firme!
    Benze Angola, verdadeiramente,
    Benze Angola!(Abençoa.)

    Sim, é assim!

Arue... e!
Arue... e!
Arue!!!

    Sim, é assim!
    Sim, é assim!
    Sim, é assim!
    É assim!!!

Kitembo ou Tempo

O inquice Kitembo não encontra similar na nação nagô. Suas cores são marrom, verde e branco.

Kabula

Kitembo makuradile,
Kitembo makuradile,
Kitembo damuraxó,
Ai, ai, ai,
Kitembo damuraxó,
Kitembo makuradile!
   Kitembo que bebe muito,
   Kitembo que bebe muito,
   Kitembo que bebe aguardente,
   Sim, sim, sim,
   Kitembo que bebe aguardente,
   Kitembo que bebe muito![26]
Kitembo zara,
Kitembo zara tempo,
Kitembo prá trabalhar...
Kitembo zara,
Kitembo zara tempo,
Kitembo para beber...
   Kiitembo tem fome,
   Kitembo tem fome de tempo,

---

[26] Kitembo, quando bebe, muda o tempo, já que ele rege as estações do ano e o clima. Se bebe muito, muitas vezes o tempo irá mudar, trazendo sol forte, ventos, pouca ou muita chuva etc.

Nem tempo para trabalhar...
Kitembo tem fome,
Kitembo tem fome de tempo,
Nem tempo para beber...[27]

Kongo de Ouro

Kitembo e, ngana'nzambi,
Kitembo e, ngana'nzambi,
O iá Kisimbi, simbe Kitembo,
O iá Matamba,
O iá Kisimbi e Kitembo e!

Kitembo é do Senhor Deus[28],
Kitembo é do Senhor Deus,
Governa Kisimbi, junto com Kitembo e Matamba[29]
Governa Kisimbi... Kitembo é assim!

O iá viji viji
Ve Kitembo a maiongá,
Eu queria ver o tempo,
Kitembo a perolá!

Governa de todas as formas,
Kitembo de todos os banhos[30],
Eu queria ver o tempo,
Kitembo de todas as maneiras!

---

27   Kitembo é conhecido como inquieto, intranqüilo, agitado. Vinte e quatro horas em um dia é pouco para ele, dada a sua ansiedade.
28   Filho de Deus.
29   Kitembo está na água e no fogo ao mesmo tempo.
30   Banhos sagrados

E olha o tempo,
E ver o tempo,
E olha o tempo
E o tempo virou...

Kitembo e, re re re re,
Kitembo a, ra ra ra ra
Kitembo e Ngana'nzambi,
Kitembo e Ngangazumbá!

> Kitembo é como lhe falo,
> Kitembo é como lhe digo,
> Kitembo é do Senhor Deus,
> Kitembo é o Senhor do Espírito!

Kitembo e, re re,
O iá Kitembo a perolá,
Kongo mavile lemba e,
A inde Kitembo e!

> Kitembo é como lhe falo,
> Governa Kitembo à sua maneira.
> Como o fogo que chega à noite[31].
> Como a tempestade, chama a atenção!

> Tempo tá embriagado,
> Quem mandou Tempo beber...
> Ae, ae, ae,
> Quem mandou Tempo beber!

---

31 O calor da tarde, do anoitecer.

Barra-Vento

Kitembo makuradile...
E damuraxó!
Kitembo makura tata...
E damuraxó!
Xó xó xó, makuriá,
Ai, ai, ai
E damuraxó, xó xó, makuriá!

    Kitembo que bebe muito...
    Bebe aguardente!
    Kitembo que bebe com o Pai...
    Bebe aguardente!
    Zomba, zomba, zomba, enquanto bebe[32],
    Ai, Ai, Ai,
    Bebe aguardente e zomba, zomba, enquanto bebe!

E muxinganga e agange,
O iá Kitembo e...
Muxinganga e agange,
O iá Kitembo e!

    A árvore do feitiço é do Senhor,
    Ela Kitembo Governa!(Toma conta, rege.)

Iá Kitembo, iá labada,
Malafaka ni Kitembo
O iá e Kitembo, o iá e Kitembo!

    Kitembo vai cozinhar,
    Kitembo está rabugento,
    Acalme-se, Kitembo, acalme-se Kitembo!

---

32   Brinca, fala, dança, rodopia, finge-se de bêbado.

Vunji

O inquice Vunji encontra correspondência no orixá nagô Ibeji. À exceção do preto, todas as demais cores lhe são consagradas.

Kongo de Ouro

E Vunji e muana me
E Vunji e muana me,
Katura diangoma, Vunji kauere,
Tauere...
Katura diango, Vunji tauere!

    Vunji é como um filho,
    Vunji é como um filho,
    Descansem gêmeos... pois eles guerreiam.
    Eles nos aceitam (Nos protegem, nos guardam.)
    Descansem gêmeos... Eles nos aceitam!

Mafuzi Vunji,
Akauila zinge...
Mafuzi Vunji,
Akauila zinge!

    Maravilhoso Vunji,
    A brincadeira começa cedo...
    Maravilhoso Vunji,
    A brincadeira começa cedo!

Zanzi e, zanzi e,
Akavi Vunji tatetu...
Zanzi em, zanzi e,
Akavi Vunji mametu!
>Como um corisco, como um corisco,
>Brinca meu Pai Vunji...
>Como um corisco, como um corisco,
>Brinca minha Mãe Vunji!

Vunji e sinavuru
Akavila ere-panã,
Vunji e sinavuru
Akavila ere-panã!
>Vunji é felicidade,
>Brincadeira sem fim,
>Vunji é felicidade,
>Brincadeira sem fim!

E vunji ere, e Vunji ere-pokan,
E vunji ere, e Vunji ere-pokan!
>As Crianças Gêmeas têm a faca do poder,
>As Crianças Gêmeas têm a faca do poder!

Barra-Vento

Ele é um rei,
Lá na kutála...
Ele é um rei,
Lá na kutála
>Ele é um Rei,
>Em algum lugar...[33]
>Ele é um Rei,
>Em algum lugar...

---

[33] Vunji é a Divindade da Justiça, das brincadeiras infantis. Algum lugar teria a interpretação de onde há justiça, onde existam crianças, onde reina a paz e a alegria.

Vunji diamiposun,
Vunji e!
Vunji diamiposun,
Vunji e!

    Vunji nos alimenta sem culpa,
    Seja Bem-vindo!
    Vunji nos alimenta sem culpa,
    Seja Bem-vindo!

Kabula

Vunjeia,
E Vunji tomeakenã,
Vunjeia,
E Vunji tomeakenã!

    Brinca, Criança,
    E Vunji volta à vida como água!(Água como fonte de vida e sobrevivência de todos os seres vivos.)

Akauila simbe,
Akauila Vunji...
Akauila simbe,
Akauila Vunji!

    A brincadeira existe,
    A brincadeira é Vunji...
    A brincadeira existe,
    A brincandeira é Vunji!

Vunji revira
Katamba o nganga,

E e e nganaga...
Vunji revira
Katamba o nganga,
E e e nganga!

    Vunji se machuca[34]
    Porém, a dor passa logo com sua mágica
    A dor some com a mágica!

    O guarda civil não quer,
    A roupa no quarador...
    O guarda civil não quer,
    A roupa no quarador...
    Meu Deus, onde vou quarar?
    Quarar minha roupa!
    E Vunji, onde vou quarar?
    Quarar minha roupa!
    Meu pai, onde vou quarar?
    Quarar minha roupa...

    Passarinho avoou,
    Pousou num pote de mel,
    Voa voa passarinho,
    E vunjeia[35] pelo céu!

Vunji e zambiri,
Aueto!
Vunji e zambiri,
Aueto!

    Vunji é sagrado,
    Assim seja!
    Vunji é sagrado,
    Assim seja!

---

34   Machuca-se nas brincadeiras e travessuras de criança.
35   Brinca.

Lembaranganga

Este inquice corresponde ao orixá nagô Oxalufã. O branco é a cor que lhe é consagrada. Lembaranganga possui uma denominação diferente para sua qualidade jovem – Lemba-Dilê. Suas cores são o branco e o cinza. A mesma relação se estabelece para os orixás nagôs, em que encontramos Oxalufã e Oxaguiã.

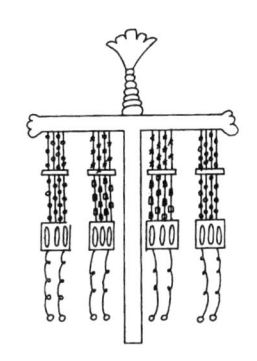

Barra-Vento

Lemba, Lemba-Dilê,
O Lembá é de kanamburá
Lá vem o dia raiar...

    Senhores do Branco, Velho e Moço,
    Quando vem chegando a noite,
    A paz se faz, até o dia raiar...

Araue lembe ma lembá,
Araue lembe ma lembá,
Araue lembe ma lembá,
Araue lembe ma lembá...

    Enfim, vem chegando a noite
    Do Senhor da Paz...

A arue e a,
A arue e a,
A arue e a,
A arue e a,
Tata biriti ma lemba
Tata biriti ma lemba
A arue e a,
A arue e a...

    Ah, enfim a paz,
    Ah, enfim a paz,
    Ah, enfim a paz,

    Ah, enfim a paz,
    Paizinho, Senhor da Paz,
    Paizinho, Senhor da Paz,
    Ah, enfim a paz,
    Ah, enfim a paz...

O lemba o lembe, Lemba-Dilê...
O lemba o lembe, Lemba-Dilê!

    A paz, quando chega a noite,
    É de Lemba-Dilê!

Kakaun-ká, kakaun-ke
Kakaun, me kakarukaia,
A a me kakarukaia, a a me kakarukaia,
A a me kakarukaia, a a me kakarukaia!

    Um é jovem e forte,
    Jovem e perfeito[36]
    O Outro é idoso[37]
    Ah, meu querido velho,
    Ah, meu querido velho!

Kasuté Lemba,
E mukua-nguzu,
Kasuté Lembá,
E mukua-nguzu!

    A morada do Senhor da Paz
    É onipotente,
    A morada do Senhor da Paz
    É onipotente!

---

36   Guerreiro, lutador.
37   Sábio.

Kabula

Lemba, Nzambi-Aponge
Parakenã, o inzo inzo!
Lemba, Nzambi-Aponge
Parakenã, o inzo inzo!

      O Senhor da Paz é Deus,
      A casa, a casa final[38]
      O Senhor da Paz é Deus,
      A casa, a casa final!

---

38   Última morada dos seres, o Céu, o Paraíso.

Cantigas Ritualísticas

Para Trazer os Santos para Dançar no Barracão:

Kongo de Ouro

Iambugé, ngé, ngé, ngé
O maiongá,
Iambugé, iambugé o seleuá...

> Sou um anão quando conduzo a ti[39]
> Para o Banho Sagrado.
> Sou pequenino, sou pequenino,
> Quando conduzo a ti,
> A grande cidade![40]

E koaze, koaze ze,
Nzaze kenabukwe...
E koaze e koaze ze,
Nzaze kenabukwe!

> É isso, é isso!
> Os raios, afinal, partem,
> Para onde devem ir!

---
39 Mostra a pequenez de quem orienta o Inquice.
40 Barracão, centro da Aldeia.

Para Recolher os Santos

Kongo de Ouro

Amusará kebanda tuizá,
Tata kiame...
Amusará kebanda tuizá,
Tata kiame!

> Recebei de volta,
> Aquele que fez brilhar. (Que nos deu o brilho.)
> Pai, sempre Bem-vindo!

Brokoió, brokoió, brokoió aluande e,
Brokoió, brokoió, brokoió aluandá!

> Do sol poente, sol poente, contemplo,
> Sol poente, sol poente, em Luanda!

Barra-Vento

Adeu mukua'ndalaki
E uabakese...
Adeu mukua'nadaki
E uabakese!

> Naturalmente retorna (Ao Loango – Paraíso –,
>   aos Céus.)
> Bonito, sempre Bem-vindo!

Para Virar os Santos

Barra-Vento

Kata'nkise adaun,
Inge, inge...
Kata'nkise adaun,
Inge inge...

> Ter o santo favorito,
> É um privilégio...
> É mesmo, é mesmo, um privilégio...

Cantiga De Kiandu (Cargo na Casa-de-Santo)

Kabula

Xike, xike o agange,
Tata no kaiango,
Xike, xike o agange,
Mametu no kaiango...

> Toquem, toquem para avisar
> O Pai é o destaque!
> Toquem, toquem para avisar,
> A Mãe é o destaque...(Em seguida, Nsanxi (Ekédi),
> Kambandu (Ogã) etc.)

Para Zeladores e Zeladoras-de-Santo

Barra-Vento

Tata e tatá, tata muxikongo,
Tata e tatá, disambangola...

    O Pai é o Chefe da Família, o Pai, a Árvore do Congo,
    O Pai é o Chefe da Família, o Pai que benze
    (abençoa) Angola...

Invocação dos Ancestrais e dos Deuses

É recitada invariavelmente quando se recolhe o Barco.

Reúnem-se todos aqueles que vão recolher, além dos demais filhos da Casa no barracão. O zelador ou zeladora coloca uma canjica no assentamento do chão da Casa, com uma vela acesa. É fundamental para o início dos trabalhos.

Okala muene-iu, kuami tatetu, uami mametu
Kuala binga kuateso.
Kuala ixana ngolo mu enza,
xé ngolo ixi.
Kuala ixana kuami unimuka kikulakaji,
Kua ngana ixi, mulenga, maza, mulemu.
Obinga xé mbote mu Nzambi.
Okala, ngadiama, kuala ixana.

... *Kasumbenka, nzambi ia kindanda, kala-ie mesu uazediua;*
... *Kabila, Nzambi mutakalomba, kala-ie kitéua;*
... *Katende, Nzambi kisaba, kala-ie kisembo;*
... *Nzaze Loango, Nzambi ia ludi, kala-ie Kifuamu;*
... *Kalungangombe, Nzambi a zongo, kala-ie usoba ixi;*
... *Lemba, Nzambi kindele, kala-ie uembu;*
... *Nkosi-Mukumbi, Nzambi kubanga, kuala muenho xé uembu;*
... *Aluvaiá, Nzambi ia-tia, kala-ie omuenhu.*

Okala ko kinama, kuala ixana xé
Néngua m'usoba, kuala komena ngi zediua
Ni binga,

Aueto... aueto... aueto!

Estou aqui, Meu Pai, Minha Mãe,
Para pedir ajuda.
Para invocar as forças do Cosmo, as forças da Terra.
Para invocar meus sábios anciãos,
Os Senhores da Terra, do Ar, das Águas, do Fogo.
Pedindo a proteção dos deuses.
Estou, humilde, para invocar.

... Kasumbenka, Deus da Adivinhação, para ter olhos abençoados;
... Kabila, Deus da Caça, para ter abundância;
... Katende, Deus das Ervas, para ter encanto;
... Zaze-Loango, Deus da Justiça, para ter merecimento;
... Kalungangombe, Deus das Profundezas, para ter o poder da Terra;
... Lemba, Deus do Branco, para ter a paz;
... Nkosi-Mukumbi, Deus da Guerra, para viver a paz;
... Aluvaiá, Deus do Fogo, para ter a vida.

Estou aos seus pés, para invocar as Senhoras do poder,
Para vir me abençoar, e pedir...

Axé... Axé... Axé!

Invocação da Rua

É recitada antes das obrigações para Aluvaiá. Deve o zelador ou zeladora estar acompanhado apenas do Pai ou da Mãe-Pequena, ou, ainda, do kambandu (Ogã) ou mametunsanxi (Ekédi).

Logo após ser recitado, joga-se o miamiami (farofa com dendê), cachaça e água na rua.

Nvakala kiapi
Nvakala murinda ia muzambu
Nvakala ki otambula mpaku
Kuala kuatesa,
Tuala uembu.
Nvakala nkuetu,
Ki dia ie aluvaia

> Rua tranqüila,
> Rua livre de problemas,
> Rua que recebe tributo
> Para ajudar,
> Trazer paz.
> Rua amiga,
> Que come com Aluvaiá.

OBSERVAÇÃO:

A Rua significa, de fato, o canal de ligação da Casa com o resto do mundo, capaz de canalizar o positivo e o negativo com a mesma intensidade e volume. Capaz de canalizar, de fora para dentro, tudo aquilo que não queremos, como problemas, aborrecimentos, gente maldosa, bêbados, arruaceiros, má sorte, espíritos perturbados, "fogo" de outras Casas. De dentro para fora, todo o carrego, más influências, maus filhos e maus clientes. No lado positivo, canaliza, de fora para dentro, bons clientes, bons filhos, boa sorte, proporcionando trabalhos, toques e festas com êxito e tranqüilidade.

A Rua é, então, fundamental para que possamos desenvolver nossa missão em paz. Para isso, deve ser tratada, alimentada e, é claro, louvada por meio de rezas, para que se encante e para que tenhamos o seu domínio.

É importante, também, que recitemos o verso acima mascando um pedaço de pimenta-da-costa ou dandá. Isso dará mais forças às palavras.

Saudação ao Sol

A tradição diz que esta saudação é feita todas as manhãs pelos iniciados que estão em obrigação ou pelos munzenzas, aqueles que estão sendo iniciados. Sempre às seis horas da manhã, de frente para o nascente.

Soba muini... oxikamené!
Munza uami muenhu.
Uloki kiene uzanga.
Muene-iú kiami muana-diala.
Kielengenze,
Osambukanga muini,
Kituajima ngana mulemu.
Mena kuala ta munza
Mena kuala sala-kitelu
Tetémbua muadi,
Mukuiu!
Kulembele.
Ki osundama dizumbilu enza
Kandula kuala sundama,
Kandula kuala lusambu,
Ni mena ia-njimbu
Mukuiu!
Soba muini,
Tetémbua kitelu,
Ominika die kambi,
Mutumine kiene ixi
Mosana Nzambi
Mena kuala kitula

Mena kuala vangulula
É, unvanguludi kiambe
Ualakaji soba
Kialutaluta ngana

"*Pémbele!*"
Ni kitelu... kitelu... kitelu!
Sakidila!

    Rei Sol, bom dia!
    Calor de minha vida.
    Arte mágica da Natureza, aqui está meu filho.
    Sol Nascente, Bendito Sol,
    Eterno Senhor do Fogo.
    Nascer para dar calor,
    Nascer para fazer brilhar.
    Estrela maior, a bênção!
    Sol Poente,
    Que dorme no fim do mundo.
    Deitar para dormir,
    Deitar para rezar... e nascer de novo,
    A bênção!
    Rei Sol, estrela que brilha,
    Ilumina meu rebanho, regente da Terra!
    Imagem de Deus,
    Nascer para transformar... nascer para renovar,
    Oh, renovador de energia!
    Virtuoso Rei, altíssimo Senhor,
    Eu te saúdo!
    Esteja conosco sempre,
    E brilha... brilha... brilha!
    Obrigado!

Reza de Fixação de Forças por Meio dos Ancestrais

(1)
Ankulu-kikulakaji... muene ngolo, ngana m'usoba.
Kana ngi kiekuma!
Kuala ki eme kiuisa ena anji,
Ku kandua ko...
Lenda...
Kala ie ngolo...
Kala kuingi...
Kandandu...
Kialungila...
Xikidisua, iekua die munzangala!
Ankulu-kikulakaji,
Mbongo mu kiabiti,
Ukaala kiavangilu andi muzola.
Aueto!

> Antigos anciãos... donos da força, senhores do poder.
> Não me faltem!
> Para que eu possa ser sempre,
> Ser assíduo...
> Ser capaz...
> Ser forte...
> Ser bastante...
> Ser bem-vindo...
> Ser digno...
> Ser confirmado, como seu filho!

Antigos anciãos,
Sementes do passado,
Seja feita sua vontade!
Assim seja!

(2)
Kikulakaji tatetu... Kikulakaji mametu.
Buenu kitelu inga kituajima,
Die usoba kana ozuba.
Akuikizi'ungana... akuikizi'kilemba.
Ufulame kuala kioso.
Mukuiu, ngana... mukuiu, néngua.
Uembu kual'anji!

Velho Pai... Velha Mãe.
Vosso brilho é eterno,
Vosso poder não acaba.
Fiel da fidalguia... fiel da magia.
Felicidade para todos.
A bênção, Senhores... A bênção, Senhoras.
Paz para sempre!
A bênção!

Lusambu Kabula

Reza Cantada para os Inquices
(Equivalente ao "Babalaxé" dos Ketus)

Anji mutonde	Sempre agradecido (grato)
E'lusambu kizua'kuenda mena	Eu rezo para o dia que vai nascer
Anji mutonde	Sempre agradecido
E'lusambu kizua'kuenda mena	Eu rezo para o dia que vai nascer.
Uami mavu	Minha terra/meu chão
Uami mukambu	Minha cumeeira
Uami desiza	Minha esteira
Uami dilonga	Minha caneca
Uami dimbandi	Minha fava
Uami aketé	Minha navalha
U'kibutilu	Minha tesoura
U'kixikama	Meu assentamento
U'mbuata'nzambi	Minha quartinha
Unkolo'nkise	Meu kelê
Kiami dijina	Meu nome
Kiami dofono	1º do barco
Dofonitinho	2º do barco
Kiami fomo	3º do barco
Kiami fomotinho	4º do barco
Kuami ntangi	Meus abiãs
Uami munzenza	Meus iaôs
Uami nsanxi	Minha ekédi
Kiami kambandu	Meus ogãs
Tatetu-ndenge	Meu pai-pequeno
Mametu-ndenge	Minha mãe-pequena
Tate'nkise	Meu pai-de-santo
Kikulakaji	Meus anciãos
Aluvaiá	Exu
Nkosi-mukumbi	Ogun
Tate Kabila	Oxóssi

Ki'Katende	Ossâim
Angoroméia	Oxumarê
Tate Kaviungo	Obaluaiê
Nzaze-Loango	Xangô
Mudi'Matamba	Iansã
Tere-Kompenso	Logun-Edé
Mametu Kisimbi	Oxum
E'Kaitumba	Yemanjá
Zumbaranda	Nanã
Zara-Kitembo	Tempo
Tatetu Vunji	Vunji, Ibeji
Lemba-Dilê	Oxaguiã
Tatetu Lemba	Oxalufã
Kibuko'ngola	Reza sagrada de Angola
E'muxaka	Reza sagrada de Angola
Ingorosi	Reza maior de Angola
Kiami Njila	Destino, Odu
Ngana'Nzambi	Senhor Deus
Nzambi-aponge	Deus, Todo Poderoso

As Folhas na Nação Angola

O cultivo e a utilização das folhas nas culturas africanas sempre ocuparam um lugar de destaque, quer por sua utilização na cura de determinados males, quer por sua função ritual ou por sua força mágica.

Com a vinda dos povos africanos para o Brasil, a sabedoria milenar do cultivo e do preparo das ervas medicinais e rituais veio com eles e foi rapidamente absorvida pelas culturas ameríndias aqui existentes e pela medicina popular européia.

Estas práticas ganharam força e se perpetuaram nos cultos religiosos de origem afro-brasileira, diversificados nos candomblés de Keto e Angola, na umbanda, no catimbó etc.

Contudo, utilizar as ervas tanto em processos curativos como mágico-religiosos requer, no mínimo, um convívio com pessoas experientes, muita observação, muito estudo e dedicação, pois é preciso distinguir a planta venenosa da curativa, reconhecer as diferentes variedades de uma erva e suas respectivas utilidades, assim como os vários processos de preparo, tais como decocção, infusão, chás etc.

Neste processo de troca entre diferentes culturas, a utilização das ervas e a nomenclatura foram assimiladas pela língua portuguesa, sendo a iorubá e, com maior ênfase, a angolana, as que mais contribuíram com palavras novas para nosso idioma. Como exemplo, temos a erva cansanção ou urtiga, originalmente conhecida como *kasau-sau*, que é uma folha quente do inquice Aluvaiá, correspondente ao Exu dos iorubás.

Duas informações importantes para os não-iniciados que buscam mais conhecimento: o orixá ligado às folhas é Ossâim; para os bantos o inquice correspondente é Katende; chama-se de *tatetu-unsaba*, o manipulador de ervas.

Nas páginas seguintes listamos algumas ervas importantes e fazemos uma breve descrição do seu uso, dos inquices a elas correspondentes e da temperatura de cada uma delas.

JIKULA-NZILA (Abre-caminho): Folha quente de Aluvaiá e Nkosi-Mukumbe, própria para banho e sacudimento.

OSUAMA-MUKÉTE (Açoita-cavalo): Erva quente de Aluvaiá, também usada para Nkosi, na qualidade Roxi-impanzo, na Ensaba.

MUJINHA (Algodoeiro): Folha morna de Lembaranganga e Lemba-Dilê. Usada na cabeça, para banho e para Ensaba.

NSANSA (Arruda): Folha morna de Aluvaiá e Kabila, para benzeduras, Ensaba e banhos.

MUEU-KIANKULU: folha fria de Kaviungo, também usada por Katende, Senhor de todas as ervas, e Zumbaranda. Serve para Ensaba.

NGELE'SOBA (Brinco-de-princesa): Folha quente de Matamba e fria de Aluvaiá, que serve para Ensaba.

MUENGE-MUNJÔLO (Cana-de-macaco): Folha fria, usada em banhos e Ensaba, para Kisimbi, Lemba, Tere-Kompenso, Vunji, Kabila, Kitembo e Nkosi-Mukumbe.

LUZENZESU-KIANKULU (Canela-de-velho): Folha morna de Lembaranganga, Kaviungo e Zumbaranda. Para Ensaba e banhos.

MAKASÁ (Catinga-de-mulata): folha fria de Matamba e Nzaze-Loango, para banho e Ensaba.

DILONGA'MASANA (Copo-de-leite): Folha morna de Lemba, Kaitumba, Zumbaranda e Kitembo. Usa-se para Ensaba.

KAVÚLA (Couve): Usa-se para sacudimentos. É folha de Yombe (desencarnado).

NKAZI-MASIKA (Dama-da-noite): Folha fria de Zumbaranda. Serve para encantamentos de trabalhos e Ensaba.

MALÉMBA-LÉMBA (Dormideira): Folha fria de Matamba, que serve para banho, Ensaba e para colocar na fronha, objetivando um sono tranqüilo.

MAKANHA (Erva-santa): Folha morna de Lemba-Dilê, Kabila, Nkosi-Mukumbe, Kaviungo e Matamba. Serve para Ensaba.

KIXIRIXIMBA (Erva-de-santa maria): Folha das Nénguas (Senhoras). Usa-se muito para Ensaba e banhos. É uma erva morna.

MUNHA'NKISE (Espinheira-santa): Erva morna de Kabila, Lemba-Dilê, Nkosi-Mukumbe e Tere-Kompenso, para Ensaba e banhos.

POJIKO (Folha-do-fogo): Folha quente de Aluvaiá. Serve para assentamento deste Inquice.

UFOLÓ KISABA (folha-da-independência): Erva fria de Nkosi-Mukumbe e Terê-Kompenso, para Ensaba e banhos.

JIMBONGO (Fortuna): Folha morna de Nkosi-Mukumbe, Matamba, Terê-Kompenso e fria para Aluvaiá. Serve para cabeça, Ensaba, assentamentos e enfeite de comidas-de-santo.

MUNGAIAVA (Goiabeira): Folha fria de Nkosi-Mukumbe e Kabila, para chás, banhos e Ensaba.

MAJENDE (Hortelã): Folha morna de Aluvaiá e Kabila, para Ensaba, banhos e para assentamentos.

KINSANGA (Lágrima-de-nossa-senhora): Folha fria de Zumbarandá, Kaitumba, Kisimbi, Kabila e Lemba-Dilê. Serve para Ensaba e para banhos.

MUXI-MINDÉLE (Laranjeira): É folha quente de Kisimbi e fria para Aluvaiá, que serve para chás, Ensaba e banhos.

MUDIMA (Limoeiro): Folha fria de Aluvaiá, para chás e banhos.

MUMANGA (Mangueira): Folha fria de Nkosi-Mukumbe, Matamba e Aluvaiá. Serve para forrar barracão, a fim de neutralizar negatividade e também para banhos de descarrego.

MUELÉLE (Manjericão): Folha fria de Lembaranganga, mas que beneficia todos os inquices. Serve para cabeça, comida-de-santo, banhos, Ensaba, chá e também como tempero.

LÚMBUA (Manjerona): Folha morna de Lemba, Matamba, Kitembo, Kambaranguanji e Angorô. Usa-se para tempero, Ensaba e banhos.

MINDELE'NZAMBI (Melão-de-são-caetano): Folha de forração de Ensaba. É folha fria de Kabaranguanji.

ÉBA (Palmeira): Folha fria para enfeites. Pertence a Nkosi.

MUNDUNGU (Pimenteira): Folha quente de Aluvaiá, para assentamentos.

ULEMBIZA (Pitanga): Folha morna de Kabila, para cabeça, banho, Ensaba e chá.

KANKIANAMENA (Pega-pinto): Folha quente de Lembaranganga. Serve para Ensaba e banhos.

MUKILA'NSANJI (Rabo-de-galo): Folha quente de Nkosi-Mukumbe, para cabeça, banho e Ensaba.

UAZALEMBA (Boldo ou Tapete-de-oxalá): Folha morna de Lemba e Kitembo, para chá, banhos e Ensaba.

KASAU-SAU (Urtiga): Folha quente para assentamento de Aluvaiá.

MILONGA (Vence-demanda): Folha quente para trabalhos, Ensaba, banhos. É folha de Kabila.

IFELI (Café): Folha fria, primordial de Katende, serve para tudo.

UNKABU'MUTANGI (Brio-de-estudante): Folha fria de Terê-Kompenso, para banho e Ensaba.

Cargos na Casa-de-Santo

No Candomblé Keto os cargos são chamados de *oyê*. No de Angola, as funções e cargos são chamados de *Kiandú*. Abaixo citamos os cargos de candomblé, primeiro em iorubá, seguido do significado em banto e da respectiva tradução para a língua portuguesa.

BABALAÔ – TATA NGANA-MESU: Aquele que joga, que tem a incumbência de aconselhar os zeladores. Cultua Kasumbenka.

BABALORIXÁ – TATA'NKISE (Pai-de-santo): Nome dado àqueles que têm mais de vinte e um anos de iniciados. Antes disso, o Pai-de-santo é chamado apenas de TATA.

IALORIXÁ – MAMETU'NKISE (Mãe-de-santo): Nome dado àquelas que têm mais de vinte e um anos de iniciada. Antes disso, é chamada de MUDI.

BABÁ KEKERÊ – TATETU-NDENGE (Pai-pequeno): Kiandu dado pelo Ngana'Inzo (Senhor da Casa) ou Néngua'Inzo (Senhora da Casa).

IÁ KEKERÊ – MAMETU-NDENGE (Mãe-pequena): Cargo dado da mesma forma.

OGÃ – KISIKARANGOMBE (Tocador): O chefe dos Ogãs, chamado Alabê, pelos Ketus, é chamado no angola como KAMBANDU.

EKÉDI – MAMETU-NSANXI ou ainda NSANXI, quando não são ainda confirmadas.

OLOSSÃE – TATETU-UNSABA (Colhedor de ervas).

IABASSÉ – NLAMBI'NKISE (Cozinheira): Aquela que cozinha para o Santo.

AXOGUN – TATA-MUSATI (Sacrificador).

MÃE-CRIADEIRA – KOTA-NVANGI: Aquela que cria barcos de noviços.

PAI-CRIADOR – TATA-NVANGI: Aquele que cria barcos de noviços.

ABIÃ – NTANGI (Iniciante): pré-iniciado que só cumpriu parte dos rituais de iniciação.

IAÔ – MUZENZA (Filho-de-santo): Chamado assim da feitura até a obrigação de três anos.

ABURO – MUXIKANE-NDENGE (Irmão mais novo).

EGBONMI – MUXIKANE-PANGE (Irmão mais velho).

CONVIDADOS – OXILA'NKISE (De outras Casas).

CONVIDADOS – OXILA'NZOLA (Assistência).

Obrigações

UKALAKALE'NKISE - Feitura de Santo.
KIBANE-MUTUE - Bori.
KITUMINU-MOXI'NVU – Obrigação de um ano.
KITUMINU-MATATU'MINVU – Obrigação de três anos.
KITUMINU-SAMBUADI'MINVU – Obrigação de sete anos.
KITUMINU-KUMI IÉIA'MINVU – Obrigação de 14 anos.
KITUMINU-MAKUMOLÉ'MOXI MINVU – Obrigação de 21 anos.

Ordem de Barco de Feitura

MUZENZA-KADIANGA – Dofono (1º do Barco).
MUZENZA-KAIADI – Dofonitinho (2º do Barco).
MUZENZA-KATATU – Fomo (3º do Barco).

MUZENZA-KAUANA – Fomotinho (4º do Barco).
MUZENZA-KATANU – Gamo (5º do Barco).
MUZENZA-LUSAMANU – Gamotinho (6º do Barco).
MUZENZA-KASAMBUADI – Vimo (7º do Barco).
MUZENZA-KANAKÉ – Vimotinho (8º do Barco).
MUZENZA-KAVUA – Timo (9º do Barco).
MUZENZA-KAKUINHI – Timotinho (10º do Barco).

Pontos Cardeais

MBALAZE – Norte
KOLUANDA – Sul
KUTUNDA – Leste
KU LUIGI – Oeste

Conclusão

Tenho conhecimento de que existem muitas outras cantigas de Angola, que não foram incluídas nesta obra. Entretanto, este primeiro trabalho já vem trazendo quase que a maioria daquelas cantadas nos candomblés do Brasil.

O ineditismo deste *Jamberesu – as cantigas de Angola* nos remete às tradições bantas, observadas desde o início da escravidão e permitem-nos conhecer melhor esta que é considerada a mais colorida e alegre das nações-de-santo cultuadas em nosso país.

Trabalhamos duro na tradução e na interpretação das músicas rituais angoleiras, na intenção de deixar de utilizar termos de outras nações. Todo o trabalho foi realizado visando a substituição lógica das palavras com o objetivo de voltar os angoleiros para a sua própria cultura. A tradução do dialeto quimbundo foi de extrema importância e de elevado grau de dificuldade, mas permitiu que déssemos sentido às formas flexionadas das "músicas-de-santo" e enfim desvendássemos um mundo mágico, impregnado de sentimento, história, fatos, passagens, no qual, a cada frase, reencontramos a tradição angoleira e conhecemos um pouco mais sobre sua mitologia.

A construção flexionada das frases dificultou o entendimento do objetivo da cantiga, mas, nesses casos, o critério utilizado foi o da interpretação das cantigas anterior e posterior, já que toda seqüência – e parece que é idêntico em todas as nações – são trechos de passagens e situações dos inquices. Foi necessário adquirir conhecimento da cultura e do dialeto, para que soubéssemos interpretar os movimentos da Natureza.

Na posição de zelador-de-santo com trinta anos de iniciado, foi com imenso orgulho que recuperamos esses saberes, o que nos proporcionou momentos de felizes descobertas. E toda esta mágica tem único objetivo: ver nossa nação recuperada, resgatada de um *quase* esquecimento pelo seu próprio povo.

Muito nos incomodava, cantarmos, há algum tempo as cantigas de Angola usando as terminologias iorubanas, como o nome dos orixás, no lugar do nome dos inquices. Este fato ocasionou o desconhecimento dos nomes dos inquices bantos, como Kabila, Kissimbi, Nzaze-Loango, Lemba-Dilê, Kaviungo. Muita gente recita rezas e cantigas de Keto, Ijexá e Ewefon acreditando, sinceramente, que são de origem Angola, não por ignorância, mas pelo fato de o dialeto quimbundo ser pouquíssimo conhecido e por não haver pesquisas bastantes para esclarecer os iniciantes, os iniciados ou os praticantes da religião.

As prováveis causas para esse esquecimento são a propagação e a reorganização pós-escravidão da cultura nagô, tornando-se os iorubás o centro para onde convergiam as outras nações. Isso se deve ao fato de, nos últimos anos de escravidão, terem sido trazidos, para a Bahia e o Rio de Janeiro, grande número de africanos de origem nagô, que, por ocasião do fim da escravidão, puderam estabelecer laços mais fortes e imediatos com a África, dando a este grupo condições propícias para se tornar o centro de referência da continuação do processo civilizatório africano no Brasil. Outro fator importante foi a incorporação no cotidiano brasileiro dos nomes dos orixás nagôs, como Xangô (rei de Oyó), Oxalá (senhor de Ile Ifé), Ogun (senhor de Hondo e Irê), Oxum (rainha de Oxogbô e Ijexá).

O resgate das práticas do jamberesu – o ritual de cânticos e dança dos angoleiros, bem como da linguagem gestual banta é uma vitória de todos os que lutam e trabalham pelo bem da religião, sem a pequenez da vaidade pessoal, tão vista em nosso meio.

Finalmente, esperamos que o desejo de ver nossa nação ocupando um lugar de destaque, falando sua própria língua, devolva aos angoleiros o orgulho e a autonomia, mas sempre de mãos dados com nossos irmãos de outras nações, porque, no final, temos os mesmos objetivos, a mesma meta: o culto à Natureza, Mãe de tudo aquilo em que acreditamos e a perpetuação da cultura de nossos ancestrais africanos.

Mario Cesar Barcellos

Bibliografia

ALTUNA, Pe.Raul Ruiz de Asúa. *Cultura Banto e Cristianismo*, Luanda/Angola: Ancora, 1974.

ALTUNA, Pe.Raul Ruiz de Asúa. *Cultura Tradicional Banto*. Luanda/Angola, 1985: Secretariado Arquidiocesano de Pastoral.

BARCELLOS, Mario. *Aruanda*. Eco.

BARCELLOS, Mario. O Exército Branco de Oxalá. Eco.

BARCELLOS, Mario Cesar. *Os Orixás e a Personalidade Humana – Quem Somos? Como Somos?* Rio de Janeiro: Pallas, 1977.

BARCELLOS, Mario Cesar. *OS Orixás e o Segredo da Vida – Lógica, Mitologia e Ecologia*. Rio de Janeiro: Pallas, 1992.

CASTRO, Therezinha de. *África – Geohistória, Geopolítica e Relações Internacionais*. Rio de Janeiro: Biblioteca do Exército.

COSTA, José Rodrigues. *Candomblé de Angola – Nação Kasanje*. Rio de Janeiro, 1989.

FRANCO, Hermano. *Los Mistérios del Pueblo de Angola*. UNESCO, 1968.

MAIA, Pe. Antonio da Silva. *Dicionário Portugues-Kimbundu/Kikongo*. Cucujães-Angola: Tipografia das Missões, s.d.

MONTAIGNE, Michel de. *Os Pensadores*. Abril Cultural.

NIELSON, Joe. *Epistemologia dos Bantos*. Ohio - EUA: University of Ohio.

CARTILHA INFANTIL EM PORTUGUÊS & KIKONGO. Missão Católica de São Salvador do Congo: Missão Católica do Congo, s.d.

VERGER, Pierre. *Os Orixás*. Corrupio.

OS ORIXÁS E A PERSONALIDADE HUMANA
QUEM SOMOS? COMO SOMOS?

autor: Mario Cesar Barcellos
120 páginas – 3ª edição – Código 2093

Aprende-se nos trabalhos de psicologia que a formação da personalidade ocorre segundo um lento processo, fenômeno que tem início por volta dos três anos, justo quando a criança começa a tomar conhecimento de si mesma e do mundo, e a empregar os pronomes eu e mim como forma de afirmação. Nasce dessa descoberta a consciência da capacidade de divergir, de se opor aos desejos das pessoas mais velhas.

Aparece, então, a necessidade de identificação com os adultos do seu convívio, como forma de construção da personalidade da criança – se constitui a figura do herói, do modelo – o pai.

Assim, a ciência nos mostra que fatores biológicos, hereditários, e adquiridos, meio-ambiente, educação, experiência, relações afetivas, atuam neste processo de formação da personalidade.

Sem discordar dos estudos realizados pela psicologia, o autor Mario Cesar Barcellos segue, no entanto, outra linha de pensamento. Seu livro retrata a visão não-científica, fundamentada em bases do mundo mágico-místico, o que deixa bem claro em seu texto de introdução: "nos cultos afro-brasileiros vamos, definitivamente, encontrar todas as respostas, não baseadas (...) na ciência psicológica, mas única e exclusivamente (...) na regência que cada força da natureza exerce sobre nós, talha e molda (...) nosso pensamento."

Para que isto seja possível, é necessário que se conheça a entidade regente, o orixá de cabeça da pessoa. Diz o autor mais adiante: "Se desde cedo se conhece a regência de um indivíduo, é possível fazer uma previsão de como será o temperamento deste, através do estudo daquilo que chamamos *eledá*, que quer dizer a linhagem de orixás que pertence à pessoa."

Para a revelação do *eledá* a magia do jogo de búzios se faz necessária. E é justamente com base nas características destas forças da natureza – os orixás – e no estudo profundo delas que se pode chegar ao âmago da personalidade de cada um.

Os Orixás e a Personalidade Humana contém elementos acerca das qualidades e falhas humanas, tanto no caráter, como no temperamento, recolhidos na prática de anos observação e convívio no meio da religião e, portanto, constitui-se como ferramenta essencial no estudo e descoberta do ser humano.

OS ORIXÁS E O SEGREDO DA VIDA
LÓGICA, MITOLOGIA E ECOLOGIA

autor: Mario Cesar Barcellos
172 páginas – 2ª edição – Código 2109

Uma das principais características da cultura afro-brasileira é sua extraordinária capacidade de conciliar tradição e renovação.

Neste contexto se encaixa *Os Orixás e o segredo da vida*, *de Mario Cesar Barcellos*, cujo objetivo é difundir a tradição e, ao mesmo tempo, lançar novas hipóteses que chegam a chocar o sentimento dos menos avisados.

Por essa razão, este é um texto polêmico, no qual o que é para ser afirmado em acordo com a tradição, é dito sem vacilos, e as hipóteses inovadoras nos são apresentadas como estímulo à reflexão e ao desenvolvimento de nosso espírito crítico.

Outro mérito do livro é a defesa do meio-ambiente e a explicitação da defesa da ecologia pelo candomblé como força primordial há milênios, já muito antes de o tema ter entrado em moda.

Finalmente, as lendas transcritas no livro têm o valor do ineditismo, favorecendo a divulgação dos saberes afro-brasileiros.

Este livro foi impresso em junho de 2011, na Gráfica Edelbra, em Erechim. O papel de miolo é o offset 75g/m², e o de capa cartão 250g/m². Foi composto na tipologia ZapfHummst BT, no corpo 11,5, entrelinha 14.